U0623853

Z H I C H A N G M A M A

职场妈妈

ZHI CHANG MAMA

文治 著

中国出版集团
现代出版社

图书在版编目(CIP)数据

职场妈妈 / 文治编著. —北京：现代出版社,2012. 1
ISBN 978 - 7 - 5143 - 0425 - 1

Ⅰ. ①职… Ⅱ. ①文… Ⅲ. ①家庭教育 Ⅳ. ①G78

中国版本图书馆 CIP 数据核字(2011)第 228003 号

作　　者：文　治
责任编辑：张　晶
出版发行：现代出版社
地　　址：北京市安定门外安华里 504 号
邮政编码：100011
电　　话：010 - 64267325　010 - 64245264（兼传真）
网　　址：www. xiandaibook. com
电子信箱：xiandai@ cnpitc. com. cn
印　　刷：北京燕旭开拓印务有限公司
开　　本：700 × 1000　1/16
印　　张：14. 75
版　　次：2012 年 1 月第 1 版　2012 年 1 月第 1 次印刷
书　　号：ISBN 978 - 7 - 5143 - 0425 - 1
定　　价：27. 00 元

针对职场妈妈的采访

在本书形成之前，我们发起了一个“与职场妈妈面对面”的活动，对全国各地的职场妈妈进行了一次有针对性的采访。

被采访人：杨娇　34 岁　北京　建筑工程师　孩子 2 岁

问：你是在孩子多大的时候出去工作的？

答：8 个月。

问：你每天和孩子相处的时间有多长？

答：早晨会起得比较早，从自己的睡眠当中节省出来一个小时的时间照顾孩子的起居和饮食，晚上也会空下一两个小时跟孩子一起玩。像我这种工作，如果有了项目就要经常加班，有时还需要出差，很多天都见不到孩子。所以平时工作不忙的时候，都会尽量挤时间来陪孩子。

问：休完产假以后，重新回归职场，觉得自己有哪些变化？

答：有了孩子以后，觉得生活中的变化特别大；有了孩子又上班，简直就无法适应。我的身体很健康，个子还很高，体力很好，但是我经常会有一种撑不住的感觉。累的时候，自己都想哭，心里总是在想，怎么没有人能帮我一下啊！特别难受。但也不全是这样，有时候下班回家，看见孩子对着自己笑，觉得一天的劳累都特别值得。我觉得我比以前更宽容了，也更有耐心了，这都是照顾孩子时磨炼出来的。

问：现在最让你苦恼的问题是什么？

答：还是因为自己的时间有限吧，觉得压力很大。工作和孩子，哪个都放不下。以前可以用30%的精力照顾家庭，70%的精力来打理工作，做起来还比较轻松。但是有了孩子以后，总想平均分配，特别是孩子生病的时候，恨不得放下所有的工作，专心在家里陪孩子。可是工作不允许。我一直在努力寻找孩子与工作之间的平衡点，但是我发现这特别难。

问：心情不好的时候，一般通过什么方式来放松？

答：我公公婆婆都在外地，老公也挺忙的，时间总碰不上。所以心情不好的时候，我都是带着孩子去找朋友喝茶、聊天什么的。但是孩子太小，带出门也不太方便，所以这么做的次数也挺少的，基本上都是在家里，默默地忍着，然后等老公回来以后发发牢骚。

采访后记：杨娇知道我们要写一本关于职场妈妈的书时，特别高兴，她说希望有一些科学方法的指导，能够帮助她解决更多生活和工作中的难题。

被采访人：石广萍　29 岁　 广州　广告策划　孩子 14 个月

问：你是在孩子多大时重返职场的？

答：3 个月的产假结束之后我就回去上班了。

问：你每天和孩子相处的时间有多长？

答：如果不出差的话，我每天早上 9 点上班，晚上 6 点下班，刨除在路上的时间，剩下的基本上都跟孩子在一起。但是，如果要出差的话，时间就没有那么多了。

问：重新回归职场，觉得自己有哪些变化？

答：说起变化的话，我觉得自己变得更坚强了，也更有爱心了。在工作上也更宽容了，不像以前那么斤斤计较了，比较容易理解别人。但是最大的变化可能还是在时间上，不能再像以前那样想在单位里待多久就待多久了，加班的话也会比较麻烦。我觉得好在我们同事和领导都比较理解，不然会以为我工作态度不认真吧（笑），因为同事们加班的时候，我总得提前走，回去照顾孩子。

问：在目前的生活状态下，你觉得最难以解决的问题是什么？

答：工作上的烦心事跟孩子生病赶到一起的时候。我的情况比较特殊，我老公是从事地质勘探工作的，大部分时间都不在家里，所以孩子的事情几乎都是我一个人在管。平时我上班的时候，都是保姆帮忙照顾，可是保姆毕竟不是自己家人，孩子生病的时候，我会特别的不放心，恨不得自己有分身术，一边过来忙工作，一边在家照顾孩子。所以我现在最关心的就是怎么样在有限的时间里给孩子最好的照顾，让他受到更好的教育。我也特别想知道别的职场妈妈在时间上都是怎么安排的，怎么分配的工作，特别想跟她们增进交流，相互之间取取经。

问：心情不好的时候，会怎么做？

答：给老公打电话，有时候在电话里就跟他吵起来了。其实我本意不是那样的，但是压力太大了，没有发泄的出口，只能让老公受苦了。其实我特别想像电视剧里的女生那样，感觉心里不太舒服的时候，就去酒吧喝喝酒，或者去 KTV 唱唱歌，但是生活跟电视剧里的完全不一样，每次想那么做的时候，就会想到孩子还小，需要我陪着，没办法，每天下班之后只能乖乖地回家。

采访后记：采访接近尾声的时候，石广萍似乎还有很多话要跟我们说。她告诉我们，在单位里，大家都忙着工作；回到家里，老公还不在家；离娘家还比较远，几乎没有什么人跟她做这么长时间的沟通。她觉得通过今天的采访，能够说出一些心里的话，特别的开心，并且希望我们能够更多地关注和帮助像她这样的职场妈妈。

根据调查，在我国，像这样既忙于工作又要照顾孩子、兼顾家庭的职业女性超过了 3.2 亿（《参考消息》转法新社 2010 年 5 月 26 日报道）。许多职场妈妈每天都需要奔波在单位和学校或幼儿园之间，经常在工作与孩子之间顾此失彼，左右为难。虽然隔代亲在一定程度上可以缓解职场妈妈的压力，但是观念和方法上的分歧，又让职场妈妈宁可自己照顾孩子。但是，职场妈妈应该如何平衡孩子与工作之间的矛盾，在最短的时间内给予孩子更多的关爱呢？如何在科学方法的引导下，走出教育孩子的误区？

本书将会告诉所有的职场妈妈：做一个事业成功的好妈妈，没什么不可以！

目 录

Contents

第七章　职场妈妈怎样说，孩子才会听　/ 137

第八章　每个孩子，都是独一无二的　/ 161

第九章　从点滴做起，培养孩子的成功人格特质　/ 181

第十章　宝宝聪明就这样简单　/ 204

第一章　职场妈妈：两个身份，两种角色

妈妈日记

近日，我进入了工作倦怠期。

日日爬树。所有的方案不到最后一天根本交不出来，基本靠逼。

有了儿子以后，每天的主题又多了一项——想儿子。

在有孩子以前，我一直都以为自己是一个工作狂，大部分时间都会因为工作上的满足而心情愉悦。可是，有了孩子以后，我觉得自己在一夜之间看透了许多，对于工作的要求也没有以前那么苛刻了，觉得只要大家基本上认同，完全没有必要做得十全十美。现在的我，更希望做一个好妈妈、好妻子，得到家庭的认同。但是，作为一个需要兼顾职业和家庭的女性，我庆幸自己在生孩子以前，就给自己打下了很好的基础，顺利地度过了职业瓶颈期。所以，虽然在家里休了几个月的产假，但是回归职场以后，并没有太多的不适应。在家里，我看着孩子一天天地长大、懂事，虽然因为工作的关系，不能经常陪在孩子的身边，但是每天晚上见到孩子，都能获得另一种快乐。

因此，我觉得作为一个职场妈妈，虽然比全职妈妈要更多地顾及到工作，也要比没有孩子的同事多了一份家庭的责任，多了需要照顾孩子的琐碎，时间上可能没有太多的空闲，也会更加艰辛和劳累，但是那份

因为孩子而带来的幸福感，因为工作而带来的充实感，是其他人都无法同时获得的。职场妈妈有苦也有乐，其实更多的时候，我们是苦并快乐着……

上班要做女强人，下班要当好妈妈

有了孩子以后，很多年轻的妈妈既要顾及到工作，又要照顾孩子，确实是一件辛苦的事。有很多妈妈因此得了轻度忧郁症，不仅奔波劳累身心疲惫，还总觉得自己给孩子的时间太少，亏欠了孩子。如果再遇上孩子有一些健康或者情绪上的问题，妈妈们会变得更加自责。其实在面对工作与带孩子之间的时间和体力上的压力时，可以利用到一套哲学，那就是“上班要做女强人，下班要做好妈妈”——如果一份工作可以在10分钟内完成，你千万不要拖到20分钟；如果一份工作能够在全神贯注的情况下做到满分，绝不应该用懒散的态度勉强做到60分，而后浪费更多时间在后期工作的处理上。另外，如果身边有人能替你做这份工作，那么你最好不要逞强地抢着去做，而应该利用腾下来的时间和精力，去提升你的专业工作能力，做到更游刃有余地面对工作。

在工作上表现出色，自己的心情就会变好，陪孩子的时候才能尽心尽力。可是在我们的身边，很多职场妈妈并没有让自己在工作上达到“女强人”的标准。她们会想尽一切办法来为自己开脱，始终觉得自己不过是一个普通的女人，对事业的追求也无非是“混口饭吃”，完全不用尽心尽力地去拼搏。不可否认，女人在有了孩子以后，对家的归属感变得越来越强烈，很多雄心壮志也会因为对家的留恋而变得萎缩。可是，如果生活上的压力促使我们必须出来工作，那么与其拖拖拉拉用60分的力气去做事，还不如尽心尽力把所有的事情都做好，这样不仅能够促进事业的发展，也能让自己赚更多的钱，获得更多的职业成就，让自己能够更开心地面对工作。

其实，在工作上做“女强人”，并不是让我们在生活中表现得多么强势，而是懂得怎样高能、高效地处理工作中的问题，对自己严格要求，不断提升自己的工作能力。因为这样不仅对工作有利，还能节省下来很多时间来带孩子。有很多职场妈妈都会说，每天下班之后都感觉很累，既要做家务，又要照顾孩子，有时候当天的工作没完成，还要考虑加班，所有的事情赶到一起，会让自己变得越来越烦躁。可是很懂得如何做好工作和照顾好孩子的职场妈妈燕玲几乎从来没有遇到过这样的问题。她每天晚上都会给孩子讲故事，听他在学校里的趣事，陪老公聊天，而且她做这些事情从来都是专心致志，一副很享受的样子，绝对不会一面想着工作，一面敷衍地回答孩子的问题；也不会一面慌慌张张地赶着明天要交的设计草图，一面吆喝老公赶紧收拾屋子，还要分身去听孩子在学校里遇到的各种困难。

下班之后，时间就是家人的。即使事业心再强，也应该给工作和生活划清界限，不要让繁忙的工作影响到自己的生活。在这一点上，职场妈妈丽娟就做得很好，她不管工作多忙，都会要求自己完全空出周末的时间，跟老公、孩子一起享受这轻松愉快的闲暇。因为她觉得自己好不容易放个假，绝不可以还忙碌在满头大汗的情绪里，无论是看着孩子玩耍，还是盯着像个孩子一样嬉戏的老公，自己的心里还要委屈得怒火冲天。她说：“每次周末的时候，我们一家人在一起都很开心。尽管我平时忙着工作，没有太多的时间照顾孩子，可是我知道我的孩子过得很幸福。因为对孩子来说，与其一天 24 小时都待在一个心不在焉、精疲力竭的妈妈身边，还不如待在一个每天只有几小时，但是心情放松、全神贯注的妈妈身边。”

可见，孩子需要的并不是一个事事周全、面面俱到、随时都守在他身边的“完美妈妈”。我们完全没有理由因为孩子而放弃工作，更不能因为工作而忽视孩子。所以，作为一个职场妈妈，要想平衡工作与孩子之间的矛盾，首先要学会合理地分配时间和精力，在工作上严格要求自己，做到工作和生活的分离，那么职场妈妈保持工作与孩子之间的平衡，就不再是一个梦。

工作VS孩子，职场妈妈难两全

刚结婚时，沉浸在美好幻想里的女人永远都无法真正了解孩子诞生意味着什么。她们认为母爱足够伟大，即使孩子再怎么哭闹，自己都有足够的精力和耐性承受；她们认为自己有“超能力”，照顾孩子完全不会影响工作，工作也不会占据多少她们和孩子在一起的宝贵时间；孩子哭闹的时候，给一个奶瓶就能轻而易举地搞定；只要给孩子换好尿布，轻轻拍拍他的后背，他就能乖乖地进入梦乡。所以，她们的内心如此渴望能快些有机会扮演好妈妈的角色，同时她们也希望自己在工作上表现出色，因为这样不仅能给孩子提供更稳定的生活，同时也能成为令孩子骄傲的榜样。

可是，等到孩子生下来以后，她们才切实感受到现实的“残酷”。幻想里轻而易举的生活，到了现实中就如同打仗一般。她们永远都无法预测在什么时候，孩子会影响到你的正常生活秩序，闹得你精疲力尽；更不知道什么时候工作上会出问题，搞得你焦头烂额。更让人苦恼的是，照顾孩子和完成工作，烦心事总赶到一起，她们就如同要应付“连环战役”一样，身心紧张却又无可奈何。

董敏最近心情一直不太好，因为公司突然给她派下来一个任务，让她去上海出差，跟一个很重要的客户谈续约。这件事情除了她之外，谁都做不了。可是就在她接到通知那天，不满周岁的儿子突然发起了高烧，住进了医院。她很心疼儿子，想要留下来照顾他，可是跟老板请假，老板就是不批，还一直强调说：如果这一次你不去，这单生意就要砸锅了，公司的损失不是你一个人能承担得了的，所以你必须得去。无奈，董敏只好把孩子托付给丈夫和婆婆，自己则登上了去上海的飞机。

几天以后，董敏回来了。她到公司把事情简单地交代了一下，赶紧跑回家看刚出院的儿子。可是，她前脚刚一踏进家门，婆婆就向她表示了强烈的不满："为了工作，竟然把这么小的孩子留在家里，而且还是在高烧上医院的情况下。你是怎么做妈妈的？怎么能这么狠心呢？"丈夫听了，也搭话说："早知道这样，还不如让你晚几年再去上班了，要是总这样，孩子怎么办？你也不能一门心思都用在工作上，完全不管孩子死活啊！"董敏听了，心里产生了一种很强的负罪感。

女人的思维方式是伞型的，比较分散，不像男人那么注意力集中。所以男人可以全神贯注地做某一件事情，完全不受其他事情的影响，但是女人不行，她们很容易同时被很多事情牵动。所以一旦孩子生病了，自己没有留在身边照顾，这份牵挂和愧疚会直接影响到生活的其他方面和工作。而天性追求完美的女人，一旦在某些事情上做得不好，就会一直自责，甚至对自己失去信心。

另外，女性大脑的回路设计是要去照顾别人，所以如果看到孩子痛苦，女性都会母性大发，感同身受。对于母亲来说，孩子的哭声能够直接穿透她的心，看着孩子被病痛折磨，比自己生病还要让她难过。所以很多时候，她们是因为没有实现自己对孩子过度的保护欲而引起了情绪上的失落，又因为过度追求完美，想要在每一方面都做到最好而使自己受苦。

其实有时候，事件的本身并没有那么严重，工作和照顾孩子之间产生了冲突，我们通过一番比较之后进行了取舍，也尽力做到了最好的安排。虽然事件的本身因为我们在某一方面的缺席，或者没有尽全力而略有不足，但是还没有严重到可以让我们的情绪一直处于蚀人心骨的痛苦当中的地步。所以很多时候我们不是败给了工作和照顾孩子之间的冲突，不是败给了繁重的负担所带来的压力，而是败给了自己的情绪。

妈妈学堂——孩子的常发病以及防治方法

◎ 感冒

感冒是孩子最为常见的疾病之一。孩子感冒时，职场妈妈一定要照医嘱做好家庭护理，让孩子多休息，多喝水，并让宝宝服用能缓解症状的药物，到医院在医生的指导下开药。在感冒流行期，要尽量避免带孩子外出，尤其是人多的公共场合。根据孩子的食欲和消化能力的不同，分别给予流质食物或者面条。居室要安静，保持空气新鲜，温度适宜，才能有利于孩子早日康复。

◎ 便秘

孩子便秘，多和饮食有关，所以合理地搭配饮食是非常重要的。可以给孩子多吃一些新鲜的水果和蔬菜，吃些含粗纤维的食物，如芹菜、香蕉、韭菜、梨等。如果在饮食方面不能调整，那么只能通过药物给孩子调整。另外，我们也可以结合按摩的方式来帮助孩子排便。

◎ 肺炎

孩子患上肺炎，可能是因为接触了某些毒力较强的细菌或病毒，也可能是由于上呼吸道感染未得到控制而下延导致肺炎。需医生给予诊断，病情严重的孩子则需住院治疗。预防孩子患肺炎最重要的措施是减少出入人员聚集、通风不畅的公共场所；预防呼吸道感染，在气候变化明显的季节及时为孩子增减衣物；接种相关疫苗。

◎ 腹泻

面对腹泻，职场妈妈千万不要给孩子禁食，以免孩子发生营养不良。应在食物上进行调整，可以给孩子提供米汤、胡萝卜、新鲜蔬菜等，补充孩子所需的无机盐和维生素。另外，职场妈妈要保证孩子每天摄入足够的水分，注意帮助孩子腹部保暖，以减少肠蠕动。

职场妈妈和全职妈妈，各有各的传奇

很多女人都在抱怨说，在现代社会女人越来越难做了，既要保持传统的贤妻良母的形象，又要当新时代的职业女性，既要能照顾好家庭、抚养好孩子，又要在事业上崭露头角，适应能力要很强，心理上也要不断地成长和成熟。面对这些压力，恐怕只有三头六臂才能应付自如。但是，既然大多数的女人都是在家庭和工作之间挣扎的，我们改变不了现状，也就只能让自己变得更加强大。

想要变得更强大，就要善于发挥自己的价值，要看你自己的最大价值在哪里。拿张燕为例，她在还没有结婚的时候就表现出了很强的事业心，在单位里她是业务骨干，有很强的工作能力，而且很懂得维系人际关系，深得领导的器重。结婚以后，她没有放弃自己的事业，反而希望通过对家庭的责任心来激励自己在事业上更上一层楼。她也履行了作为一个女人的责任，也生了孩子，要照顾家庭。但是她非常清楚地知道自己的核心价值在哪里，她个人的最大价值可以在哪里体现出来，那就是在她的工作上。她能够把工作做好，让事业再上一层楼，这样就能够为她的家庭带来更多的经济效益，会减轻老公的负担，也能让孩子生活得更好。

她觉得自己可以做一个好母亲，但是她不是一个女佣，所以不需要洗衣服、拖地、洗碗、做饭样样都面面俱到，她把这些事情都花钱请别人来做，如果保姆能替她处理好这些生活上的琐碎，她不会因此就觉得自己不是一个好太太、好妈妈。可能在生活中，有些职场妈妈会认为，自己请了一个保姆来帮忙，没有对丈夫和孩子亲力亲为，就不是一个贤妻良母了，自己的表现就会大大扣分，不是这样的。

有些事情可以请别人来做、请别人代劳的，你就没有必要亲力亲为。但是有些事情是不能够让别人来做的，比如说你不能让保姆代替你跟孩子做一些亲子互动：每天给孩子一个拥抱，搂着孩子给他讲故事等等，这些事情一定要自己做，而且必须要做好。

所以如果你选择了职场妈妈的角色，尽管生活的重心可能会分成两部分，需要兼顾家庭和事业，但是你也不要认为自己就应该变成超人，什么事情都要面面俱到，跟千手观音一样什么事情都要自己做，到最后弄得自己怨声载道，体会不到照顾家庭的乐趣了，那家庭和孩子就会成为你的负担，这反而是一件得不偿失的事情。如果说你没有这个能力，或者说没有这个经济实力去请人帮忙，也要懂得合理分配时间，什么事情能够减少做的次数，什么事情能够适当顺延，减少自己的工作强度，才能减缓压力，体味到其中的乐趣。

有些女性的重要价值可能不在工作上。她们在职场中的表现不是很理想，但是她们乐于照顾家庭，能够做一手好菜，制作出很精美的甜品，会把家打理得井井有条，对孩子的教育也做得很好，这就是她的最大价值，不一定比职场妈妈创造出来的价值少。因为她的家就是她的王国，把家照顾好，把孩子教育好，就是她的事业，她会因此而得到幸福，就是她最大的价值体现。

所以，没有哪一个标准说女人一定要做职场妈妈或者是全职妈妈，也不应该武断地评论说是职场妈妈还是全职妈妈在创造价值方面或者在照顾孩子方面更胜一筹。职场妈妈和全职妈妈，各有各的好处，各有各的传奇，但是我们一定要记住：

作为职场妈妈：工作和家庭两头忙，会有很大的压力。但是不管发生什么事情，我们都要挺直脊梁，勇于承担一切。不要因为不能随时随地陪在孩子的身边就心生愧疚，也不要以为赚回来更多的钱，给孩子买更多的礼物就能表达对他的爱，应该学会工作和家庭分离开，而且在忙于工作的同时，不能忽视亲子关系。

作为全职妈妈：看孩子是我们的本分，但是看好孩子才是我们的能力。随着孩子一天天长大，我们也要学会与时俱进，不断地学习。全职妈妈最大的弊端就是知识储备不更新，教育方式也可能会跟着落伍，凡事以孩子为中心，从而失去了自我。所以，在教育孩子的同时，别忘了更新自己。

力不从心，却想做“妈妈超人”

再有本事的女人，如果想要同时扮演好妈妈、好妻子、好儿媳以及职场精英的角色，都会面临很大的困难。除非她是超人，不然简直就是天方夜谭。

其实，从生完孩子重新回归职场的一刹那，职场妈妈的磨难就已经开始了。面对纷繁复杂的社会竞争机制，职场妈妈只有比别人付出更多的辛苦，才能重新适应职场。但是，在跻身职场的同时也要做好家务、养活自己的陈旧观念，无疑更加重了职场妈妈的负担。毕竟我们也是人，如果方方面面都照顾周全，显然会有些力不从心。如果任由工作的需要、家庭的需要和孩子的需要来折磨自己，到最后我们可能会落得个身心疲惫、苦不堪言的下场。所以，放下当超人的想法，允许自己适当地做一些调整，给自己维持一个好状态是职场妈妈的当务之急。

有时候我们会注意到，如果妈妈总是很忙，生活得很辛苦的话，这家里的孩子会变得格外懂事。因为孩子虽然小，但是他们的心里已经懂得怎么样去体谅妈妈。比如说，妈妈由于工作繁忙，不能经常陪在他身边给他讲故事，陪他做游戏，尽管他也会闹脾气，会觉得委屈，但是只要妈妈给他一个合理的理由，告诉他妈妈为了生活，要努力工作，给他赚钱买更多的礼物，他就会很容易地接受并且会对妈妈产生理解之情。最终，孩子也会明白，妈妈每天早出晚归的，做工作已经很辛苦了，回到家里还有堆得像小山似的家务等着她去做，他会变得更体谅妈妈的心。

所以，不要总是觉得一个好妈妈就要时刻满足孩子的各种需求，当你做不到的时候，就坦白跟他讲，他也会理解你、体谅你，并且会从心里变得更加疼爱你。在生活中，很多职场妈妈以为，只要自己把所有的工作都做好，把所有的家务都做好，并且对孩子照顾得无微不至，就能得到孩子更多的爱，更多的喜欢。但是与这些游走在工作和生活中的“超级”妈妈相比，孩子会更加倾向于那些虽然有些笨拙，有些不足，但是能够跟他做真心的交流，给他更多关爱的妈妈。

因为孩子的世界是很轻松的，他们不懂得忧伤、忧愁，也会很自然地回避紧张的状态。如果妈妈的生活状态一直是疲于奔命的，她的情绪是非常紧张的，孩子跟她相处，也不会过得很愉快。孩子会更加喜欢看似懒散的妈妈，能够有空闲、有余暇让他们找到突破口，去亲近妈妈，黏着妈妈，从而拉近彼此的距离，确认妈妈对自己的爱。

职场妈妈的孩子大部分都会有以下几种倾向：由于上班的时间见不到妈妈，他们对于妈妈的渴望会变得更加强烈。等到妈妈下班以后，他们会期待能够跟妈妈做更多的交流。可是，如果妈妈的眼中是堆积如山的家务，是孩子明天要准备什么，然后为了那些琐事而忙碌，那么孩子的内心就会得不到更好的满足，长此以往，亲子关系可能就会出现问题。

所以，职场妈妈在下班以后，可以尝试着将堆积成山的家务推迟到周末再做，“今天能做的事情必须今天完成”这句格言，并不适合职场妈妈。我们需要把事情区分开，如果是不必马上做的事，把它先放在一边好了。我们可以利用这个时间来跟孩子做一些互动和交流，跟孩子做做游戏或者给他讲讲童话故事。

值得我们注意的是，孩子更喜欢做一些跟妈妈的身体有一些接触的游戏，哪怕只是坐在妈妈的大腿上听妈妈讲故事，或者躲在妈妈的怀里做一些简单的游戏，他们也会觉得欣喜不已。因为这样，他们能够更真切地感受到妈妈的温暖、妈妈的爱。听着妈妈温柔的声音，跟妈妈有一些亲密的接触，孩子的心才能得到真正的满足。所以，不管工作有多忙，家事有多多，也别管你本身有多么追求完美，希望各方面都能安抚得很好，首先你要想到的是孩子。孩子最大的愿望就是要跟妈妈在一起，感受到妈妈更多的爱，如果不满足他，我们做其他再多的事情，也会变得不完美，也会是一种徒劳。

孩子不是事业的天敌

为了生孩子，纪微辞掉了工作。

刚怀孕的时候，容易有情绪，家里人都理解，于是宠着惯着，她自己也觉得正常，就一切都由着自己的性子来。后来孩子生下来了，一开始她觉得自己很开心，因为生活都被孩子填满了。她觉得自己为了孩子放弃工作是对的，因为身为一个女人，做母亲应该是最大的快乐。所以她每天都喜笑颜开，觉得自己特别的幸福。

可是，半年以后，好心情渐渐被消磨没了。孩子每天都哭闹，她开始觉得烦，可是想要去上班，又担心自己受不了那种强度和压力，于是又在家里虚度了一年。

有一天，好久不见的老同事过来找她。两年不见，这位老同事已经成为了公司里的高层主管，嘴上说的，完全是纪微不知道的行业里的事情。纪微的心里难受极了，她抱着孩子，觉得自己邋遢又落伍。这时候，孩子偏偏闹别扭，一直哭哭啼啼，怎么哄都哄不好。纪微顿时气不打一处来，大声斥责孩子："你哭什么？就因为你，妈妈都没办法出去工作，你还不给我安静点！"这么伤人的话，竟然脱口而出。

那天晚上，纪微跟老公深谈了一次，想要出去工作。老公也觉得如果她能去上班，心情会好一些，就同意了她的想法。

但是，重新回归职场，对纪微来说不是一件容易的事情。因为人已经懒散惯了，不习惯公司里各种制度的约束，而且以前的业务重新捡起来，也变得特别的陌生。她觉得很难适应，每天怨天尤人，情绪越来越焦躁。家里的人每天都看她的脸色，有时候看着他们小心翼翼的样子，纪微也会在心里怨自己——她觉得也许自己除了带孩子，什么事情都做不好了。但是，如果当初自己不要这个孩子，是不是事业会更上一层楼？纪微觉得，归根结底就不应该过早地要这个孩子，因为孩子就是事业的天敌，有了孩子，女人就很难在职场中驰骋和发挥出自己的最大价值了。

生活中，很多妈妈都像纪微那样，为了孩子放弃了自己原本前途辉煌的工作，或者不得不暂停自己的工作。但是，当她们想要重新回归职场，却又没办法像以前那样应对自如的时候，往往会怒气冲天地数算自己的失去，怨天尤人地把责任推给孩子。当女人为了家庭、为了孩子而牺牲了对自我价值的追求的时候，很多人会把挫折的情绪转换成对孩子的憎恨。

可是，孩子就一定是事业的敌人吗？家庭和工作之间的矛盾一定就不可调解吗？不见得！举例来说，在每个女人的面前其实都放着一架天平，天平的两端分别是“个人发展”和“孩子与家庭”。我们的手上会有一些砝码，任由我们在天平的两端摆放。但是，只有当两端的砝码接近相等的时候，天平才能够达到平衡。如果有一端放少了，另一端放多了，那么天平就会是倾斜的。

人生就像是这架天平，如何放置砝码，由我们自己来决定，所产生的后果，也要由我们自己来负责。女人再怎么想要逃避，最终还是要完成生孩子的任务，担当妈妈的角色。选择了生孩子，获得了当妈妈的乐趣，肯定要有所牺牲，所以妈妈们需要舍出一部分时间和精力来照顾孩子，给孩子提供良好的教育。但是，我们需要做的，只是部分的牺牲，而不是要捐献出所有的“个人发展”的选项，所以在生活中，已经成为了妈妈而在事业上同样取得成功的女人并不在少数。

有些妈妈重返职场以后，无法适应环境，更是对以前的工作无法适应，那是因为她们还没有顺利地度过过渡期。只要她们找对了方法，重树往日的职场雄风绝对不会是梦想。至于那些照顾和培养孩子，甘愿牺牲自己的事业，在家做全职妈妈的人，只不过是个人价值观的取舍，与孩子和事业之间的矛盾无关。

走出“坏妈妈”的情绪

很多职场妈妈都会认为自己在对孩子的抚养和教育上不够尽职，由于工作的关系，不能像全职妈妈那样整天陪在孩子的身边，总觉得对孩子有一种亏欠。

就职于国际贸易公司的韩美茹就是这样的想法。她是一个典型的职业女性，此前她对自己的生活一直很满足，觉得工作顺利，孩子也很听话。直到有一天她遇到了隔壁小女孩彤彤和她的妈妈，烦恼便不期而至，而且越来越多。

彤彤的妈妈是一位全职妈妈，所有的时间都用在了照顾家庭和孩子上。当然，她的努力没有白费，教育出来了彤彤这么一个好孩子。平时，每一次见到彤彤，她都会奶声奶气地打招呼，美茹只不过把她当成是一个很懂礼貌的小姑娘看待罢了。可是这一天，美茹亲眼看到了不满三岁的彤彤不仅能够大段大段地背诵诗歌，还能很整齐地写出自己的名字，她心里有些不是滋味了。因为自己的儿子比彤彤还大两个月，虽然她花了很多钱给儿子买了《看图说话》的书，也给他买回来了很多动画录影带，希望能够对他的语言发展有所帮助，但是儿子到现在仍然有时连连贯的话都说不出来。与彤彤的妈妈相比，自己俨然成了一个不负责任的妈妈，一个坏妈妈。

美茹向彤彤的妈妈请教后，才知道彤彤的妈妈很少会给孩子买各种辅导书或者录像带，都是自己跟着孩子做游戏，一点一点潜移默化地教，孩子才能掌握得这么好的。可是，美茹需要去工作，哪里有那么多的时间能够陪在孩子的身边，每天跟着他玩游戏、学说话、背诗歌呢?想着想着，她越发觉得愧疚，觉得很对不起孩子。所以，她当下做了一个决定，每天下班回家，都用全部的时间来陪孩子学说话、背诗歌，让他能尽快做到像彤彤那样。

此后，虽然每天下班以后美茹都支着打瞌睡的眼皮，不停地教孩子大段地说话、背诗歌，可是孩子的兴趣并不在此，她的这番举动，让她和孩子都不开心，老公和婆婆还指责她对孩子过于苛刻，说教育孩子不是一朝一夕的事情，不能这么急于求成。结果，美茹的这种“强化教育”没过几天就宣告流产了。

后来因为工作繁忙，她的注意力没办法全部集中到孩子的身上。可是等到她的工作告一段落的时候，她突然发现儿子早已经说话很连贯，并且能够认识很多墙壁上的广告语了。

在教育孩子方面，职场妈妈会很不自然地跟全职妈妈比，觉得自己对孩子的付出一定就少于全职妈妈，对孩子的教育也不如全职妈妈那么全面和细心。的确，全职妈妈有更多的时间跟孩子待在一起，如果发现孩子有什么问题，可以尽早采取防范措施。但是如果教育孩子的方法不适当，全职妈妈也好，职场妈妈也好，其实是没有多大差别的。

每个孩子的潜力都有所不同，对语言的发展有快有慢，对学习能力的掌握也会有一定的偏差，所以尽管是同龄的孩子，也可能会由于发育得晚，而暂时落后于其他的孩子。所以职场妈妈不必有太多的担心，孩子的发育有早晚，所以有些时候即使是同龄的孩子，也不能放在同一水平进行比较。

除非是孩子的健康出现了问题，不然当孩子的语言系统发育成熟的时候，他对周围的世界产生了更多的好奇，求知的欲望自然会上升。这个时候如果身边再有人教他，就会产生事半功倍的效果。但如果孩子还没有发育到这个阶段，即使你强迫他学习，把所有的时间都耗费在照顾孩子、教育孩子身上，也不会有太多的作用。所以，职场妈妈不要太愧疚，觉得自己没有时间陪孩子，没有更多的时间教他，就会影响到他以后的发展。就好像美茹的注意力没有完全集中到孩子的身上，后来孩子却慢慢地能连贯地说话，能认出墙上的广告语一样，有些事情发展到了一定的阶段，会变得很容易实现，但是如果还没有到那个阶段，即使是我们想要强求，也是强求不来的。所以，职场妈妈要走出“坏妈妈”的情绪，用平常心去看待对孩子的教育问题，也许会有事半功倍的效果。

自己不带孩子就是渎职

把孩子委托给一个可靠的人抚养，自己则专心忙于工作，是很多职场妈妈都会选择的一种应对工作和孩子之间矛盾的方法。这种“生”

与“养”的分离，不但没有得到人们的质疑，相反的，当妈妈在事业上表现出色，创造出惊人的业绩的时候，人们还会对这种行为进行赞美和歌颂。可是，妈妈的事业心得到满足的同时，孩子的成长过程却充满着被动和无奈，他们的内心会有很大的缺失感和不安全感。

有一个叫做宇飞的小男孩，由于妈妈忙于工作，在他刚满百天的时候就被送到了奶奶家，交由奶奶抚养。由于爸爸妈妈工作的地点离奶奶家太远，所以他有时候一年都见不到妈妈一次。等到他快满3岁、应该上幼儿园的时候，妈妈才把他从奶奶家接到自己身边。可是，早已经习惯了在奶奶身边的他，到了父母身边以后，一切都让他感到陌生。他不知道应该怎么跟妈妈沟通，也不知道应该如何适应新的环境，情绪一直很低落。渐渐地，他变得不爱说话，也不愿意跟家人以外的人接触。由于工作上的繁忙，妈妈一直都没有注意到宇飞的变化。直到她将孩子送到了幼儿园，老师跟她反映说宇飞从来不肯跟人交流，可能得了自闭症的时候，她才认识到问题的严重性。

美国儿童心理学家本杰明说过，儿童在出生数月以后，会对经常照看自己的一到两个人产生依赖的心理，把他们看成是安全的保障。一旦跟他们分离，孩子就会产生不安的情绪，会经常哭闹，食欲不振，对周围的任何事物都会丧失兴趣。长期处于这种情绪的孩子，即使是长大以后，也会有一种不安全感。他们看问题会变得悲观，对待周围的人和事物会变得特别不自信、多疑，从而很难跟别人建立良好的互动关系。

可见，孩子出生以后的头几年当中，需要能让他产生依赖感的人一直守在他的身边。可是如果我们在孩子出生几个月以后，就把他交给其他的人抚养，那他会面临第一次与亲近的人分离，他的内心会受到严重的创伤。等几年以后，他早已经熟悉了被托付人所给他营造的成长环境，却又被父母接回到了自己的身边，等于他要再一次跟亲近的人分离。所以孩子会变得更加没有安全感，在情绪上会有很大的波动。可是，由于工作的繁忙，很多妈妈即使将孩子接回来了，也不会在孩子的身上投放太多的注意力。她们以为孩子已经“长大”了，很多事情都能够自己处理了，自己只要照顾好他们的起居，在学习上给他足够的叮咛，那么其他的事情就不需要再费心了。可是，正是因为妈妈的这种“想当然”，才会让孩子的心理产生变化，严重者可能会造成性格上的缺陷。

尽管在成人利益与孩子的利益发生矛盾的时候，孩子总是要遵从大人的决定，给大人让步。可是，一旦我们把养育孩子的责任推出去，将孩子委托给其他人不管，就会对孩子的成长产生很多不良的影响，也会给整个家庭制造很多的麻烦。所以，我们不能轻易地把孩子完全推给别人来带，而是要想办法尽量把孩子留在自己的身边。因为这样不仅能够让我们亲眼见证孩子的成长过程，也利于实施对孩子的教育。

孩子喊我们一声妈妈，我们需要的不仅仅是给出一个简单的回答，还需要对那个幼小的生命履行责任，需要我们拿出更多的爱心和精力，照顾他们长大。虽然这个过程会比较艰难，但是既然决定了要孩子，就要对孩子负责，就要为他提供一个有利于成长的环境。其实不管做什么事情，只要你愿意，总是能够把困难排除掉。如果我们一味地推卸责任，给自己找各种理由和借口，把带孩子当成是一种负担，那就是一种渎职，是对“妈妈”这个称呼的懈怠。

所以，我们一定要把跟孩子相处这件事情当成是一件最重要的事情来完成。即使实在没有工作和孩子两边顾的精力，也不能放任自己，对孩子不闻不问，而是应该时刻关心孩子，注意亲子关系的培养，尽量减轻和降低孩子在感情上的失落。比如，在准备把孩子送出去之前，要先让孩子和抚养人之间建立良好的感情；跟孩子分别的日子，要定期去看望，多跟孩子沟通，多抽出时间来陪孩子，即使不能经常守在孩子的身边，也要经常跟孩子通电话，让他感受到父母时刻都在关心他，爱着他，让他在情感上不至于产生失落。即使是把孩子接回来，也要提前帮助孩子做好准备，辅助他尽快适应新的环境。

双职爸妈，照顾孩子要彼此配合

现代社会虽然是讲求男女平等的时代，但是男主外、女主内的传统思想仍然根深蒂固。于是，男人负责在外面赚钱养家，女人负责把家里的事物照顾妥当，成了家庭里一种默认的规则。而孩子，无论是生活问题，还是受教育的程度，都被划入了“家务事”的范畴，属于女人的“管辖范畴”，男人通常都不闻不问。

我们不难发现，在网络上的各种论坛里，相互交流育儿经验的多是妈妈；各种早教培训班，去听课的也都是妈妈；每天下班后想着第一时间回家照顾孩子的是妈妈；开家长会的时候，有八成以上的家长是妈妈；送孩子上学、接孩子回家，也大多是妈妈的工作。虽然有时候爸爸也会参与进来，但是兴趣一直不浓厚，也可能是因为妈妈工作实在太忙，抽不开身，在不得已的情况下代劳之。

但是，照顾和教育孩子不应该由妈妈来独自承担，尤其是双职工家庭，爸爸更应该加入到照顾孩子和教育孩子当中来。因为：

第一，“幼儿教育女性化”的现状，需要凸显爸爸的角色作用

现代社会，孩子从上托儿所、幼儿园到小学，甚至是初中，所接受的大多是女性的教育。在我国，“幼儿教育女性化”的趋势越来越严重，虽然很多学校已经意识到这一现象，而且努力在扭转，但是在孩子的前期教育中，男老师所占比例仍为少数。在这种环境下，爸爸的角色尤其重要。特别是对于男孩子，长期而又单一地处于女性的教育下，很容易变得缺少阳刚之气，性格内向，胆小懦弱，所以需要爸爸的适度引导。

爸爸是孩子生活中最早接触的男性，也应该是最亲切和最令人尊敬的。在孩子的成长过程中，爸爸的影响尤其重要。只要稍微留意，我们

就会发现，爸爸和妈妈抱孩子的姿势是完全不同的。妈妈的抱姿是用手托着孩子的后背，将他整个搂在怀里，而爸爸则是两手一卡，只是小范围的固定，大部分会让孩子自由活动。有时爸爸高兴了，还会把孩子上举或者整个托起来。

孩子小的时候，会觉得在爸爸的身边特别没有安全感。但是随着孩子的逐渐长大，爸爸的这种与孩子的相处方式，会让孩子变得越来越有胆量，也越来越勇敢，他会逐渐锻炼出一种能力，很快乐地迎接生命中的一个又一个挑战。

第二，爸爸不参与对孩子的照顾和教育，会让亲子关系变得疏远

要工作和孩子两头顾，难免会有厌烦的时候。有时候孩子不听话，妈妈又没有办法说服，经常会搬出爸爸来吓唬他："你要再不听话，我就告诉爸爸。""爸爸回来了，你看他怎么收拾你。"妈妈在说这些话的时候，可能是想通过爸爸的权威来帮助解决自己眼下对付孩子的难题，可是说的次数多了，孩子就会觉得爸爸是一个很厉害的角色，很不容易亲近，他自然而然就会对爸爸产生一种畏惧心理，从而疏远爸爸，甚至跟爸爸的关系会恶化。可是，如果爸爸经常出现在孩子的面前，跟他玩玩游戏，给他讲讲在外面发生的有趣的事情，跟孩子的关系就能亲近许多。

有一些职场妈妈觉得，在家庭教育里就应该是一个人唱"红脸"一个人唱"黑脸"的，妈妈扮演了温柔和亲切的角色，爸爸就应该始终对孩子保持冷峻和严厉的态度。这其实是一种错误的观念。教育孩子，的确需要父母当中有一方能够做权威的引导，但是树立权威的方法往往是能够让孩子信服，为孩子树立一个良好的榜样，而不是依靠冷峻和严厉的态度疏远。所以爸爸需要在孩子面前树立良好的正面形象，而不是对孩子不闻不问。

第三，教育孩子不是妈妈一个人就能成功的

女性是非常感性的。在教育孩子的过程当中，如果没有爸爸的参

与，孩子会更多地受到感性的影响，不利于理性思维的建立。而且妈妈经常会因为母性大发，对孩子表现过度的宠爱。有的时候孩子已经应该逐渐练习独立了，可是妈妈依然舍不得放手。这时就需要爸爸在一旁提醒妈妈，适当做纠正，以更加客观、冷静的态度提出对孩子的教育方式，才更有利于孩子的成长。

第四，爸爸多配合，才能给妈妈足够的精神支撑

女人更多的个性是依附，尽管做了妈妈以后独立性会逐渐增强，但是在面对工作和照顾孩子的双重难关时，精神上难免会有很大的压力。她们会习惯地希望得到一种支撑，如果爸爸能够积极参与生活，主动分担一些照顾孩子的责任，会让妈妈觉得得到了一种依靠，精神上得到了一种依托。

所以，双职家庭里，爸爸绝对不能推卸自己的责任，对孩子漠不关心，而应该和妈妈彼此配合，共同承担对孩子的责任。

借助“支持系统”，让孩子得到更好的照顾

为了能够亲眼见证孩子的成长过程，更有利于对孩子的照顾和教育，很多职场妈妈都会选择把孩子留在自己的身边。但是如果妈妈的精力不够，也不能太牵强，因为育儿毕竟不是妈妈的独角戏，不能让她一个人扛起所有的重担。所以，当我们工作必须耗费绝大多数的时间和精力，而自己即使绞尽脑汁，也想不出任何能够平衡工作和孩子之间的矛盾时，不妨起用“支持系统”，缓解自己的压力。

所谓的“支持系统”，指的是除了直系亲属以外的，能够帮忙照顾孩子、解决生活难题的人，多指幼儿园老师或者是好的保姆。如果说我们能够确保自己在外面冲刺事业的时候，孩子能够很快乐、很健康地成

长，我们与孩子之间的亲子互动也不会有多少负面的影响时，我们完全可以把孩子托付给“支持系统”。那么，职场妈妈应该怎样利用“支持系统”，让它发挥出最大的效用呢？

由于必须借助于“支持系统”的双生涯女性比较多，伦敦心理研究所的洛特博士对在同一所托儿所里长大的孩子们做了调查和研究，发现在托儿所里被抚养的孩子，性格更活泼，表现更勇敢，适应能力更强，他们更容易和周围的其他小朋友结成“朋友”，比较会处理人际关系。但是，这些孩子在遭受挫折以后，会不如在家长身边长大的孩子那么能够承受压力。此外，另一位心理学家罗姆博士也对婴儿期的孩子提出了几点建议：

第一，通常情况下，孩子出生 6 个月之后会对经常照顾自己的人形成依赖心理，对陌生人产生恐惧。如果这个时候让他跟亲近的人分离，会让孩子在情绪上产生焦虑。所以，如果把孩子交给其他人照顾，一定要让被委托人在孩子不满 6 个月的时候，就跟孩子多亲近，跟他建立良好的互动，才能在妈妈忙于工作的时候，得到孩子的充分信任，也不会对孩子的情绪和心理产生不好的影响。

另外，孩子出生一个月的时候，需要培养对疾病的抵抗能力，如果这时候离开妈妈，被委托人又是在不了解情况的状态下，让孩子得不到更好的呵护，那么孩子有可能以后一直都是体弱多病的，所以在孩子不满一个月以前，妈妈一定不能离开孩子，将他委托给其他人照顾。

第二，有些职场妈妈会把孩子交给保姆照顾。如果请保姆，就一定要在最开始的时候选择好，千万不要很频繁地更换保姆，这是非常不利于孩子成长的。

虽然我们每天晚上下班回家都能看到孩子，周末的时候也都是跟孩子待在一起，表面上看孩子是跟我们生活在一起的。但是由于工作的关系，我们每天都要早出晚归，有些职场妈妈还可能经常需要出差，孩子从早到晚全是和保姆待在一起的，有时候可能晚上睡觉的时候，也是看着保姆睡着的。在这种情况下，孩子对保姆产生的依赖就会强于父母。如果经常更换保姆，孩子好不容易建立的依赖关系就会经常被瓦解，他的心理会屡屡遭受打击。

可能在我们看来，换保姆是一件再平常不过的事情，但是每一次离开亲近的人，又要跟完全陌生的人生活在一起，孩子的内心会是非常痛苦的。所以在第一次雇用保姆的时候，我们最好就一次选择到位，尽量不要中途更换。即使是有迫不得已的原因，不得不更换保姆，也要在原来的保姆要离开的时候，多照顾孩子的情绪，帮助他排解因分离而产生的焦虑。

第三，如果选择把孩子送到托儿所去，一定要选择充满爱心、环境良好的托儿所。因为在这样的环境里，孩子的身心发展和智力的发展与在父母身边长大的孩子相差无几。只不过，最理想的托儿环境是一个老师最多同时照顾 3 个孩子。否则，孩子一多，老师的精力被分散，对孩子的情绪和智力都会有一定的影响，孩子进步的速度会逐渐减慢。

综上所述，如果妈妈不想在育儿上一个人唱“独角戏”，被繁忙的工作和照顾孩子的双重压力压垮，就要学会为自己和孩子创造便利条件，借助“支持系统”，让孩子得到最好的照顾，也让自己从繁重的压力当中解脱出来。

妈妈学堂——如何选择幼儿园

◎ 硬件不是最重要的

选择幼儿园，重点要考察绝大多数孩子在这里是否快乐，是不是每天都喜欢来幼儿园，完全不必被幼儿园那些华丽的设施吸引。孩子需要的其实不多，只要两三部滑梯、几架秋千、一个沙坑、一些玩具和书，外加能够奔跑嬉戏的场地，就已经足够了。当然，有好的设施不是什么坏事，但是职场妈妈一定要记住，华丽的设施只是附加值，重点在于孩子是否快乐。

◎ 孩子来幼儿园不是上学，而是玩耍

幼儿园有学习活动，但没有上课的概念。学习内容要是孩子喜欢的，形式要是丰富有趣的，比如做游戏、做手工制作等等。很多职场妈妈把幼儿园里的学前教育理解成了前小学教育，希望孩子能够在幼儿园学到更多的知识，过早地接触到书面作业和考试等内容，其实是不利于孩子的健康成长的。因为学前的孩子，心理成熟度还不足以应付繁重的功课，过早涉及只会影响智力的发展，也会对心理造成损害。

◎ 在安全的前提下，越自由越好

幼儿园的时间安排最好是灵活的，除了一部分活动和吃饭以外，最好能够让孩子自主安排时间。因为儿童早期的成长需要自由的氛围。只有在自由的氛围下，儿童内在的心理秩序才不会被打乱，会依自然提供的基因有序成长。幼儿园里有些纪律是必须的，比如不能打架、玩具要有序摆放等等，但是有些纪律是无需的，如老师讲故事时手要放在背后，这是做给人看的，没有实在意义，对孩子的生理和心理都会造成一定的束缚。

◎ 幼儿园不要搞评比和竞争

没有评比，就不会产生歧视和偏见，孩子自然成长的心态才不会被扰乱；没有竞争，就不会有紧张和心理失衡，也不会因为比较而让孩子产生自卑。所有的孩子都没有区分，也没有差别对待，如果他们做得不好，老师要善意地指导，但是不能过激地批评；孩子做得好，需要老师给予适当的夸奖，帮助孩子树立自信。

充分发挥隔代亲的作用

当你的孩子还小，需要妈妈的陪伴，而你还不能放弃自己的事业时，如果你能很幸运地遇到一个理解你有年幼孩子的老板，或者你从事的工作是不需要过多的时间投入的，那事业和家庭之间的冲突就不会给你带来太大的压力。但是如果你没有那么幸运，工作必须耗用你大部分的时间和精力，而家庭生活又很拮据，确实需要你这份收入时，你完全可以充分发挥隔代亲的作用，来减缓自己的压力。

徐丽娟是一位记者，经常要去外地做各种采访，她的老公是做勘探工作的，也经常不在家，所以在孩子上幼儿园以前，都是由住在乡下的爷爷奶奶照顾的。那段时间，徐丽娟会尽量安排很长的假期跟孩子相处，还不惜血本地和老公一起带着孩子到各地去旅行。那几年，徐丽娟跟孩子相处的时间虽然不是很多，但是亲子关系的质量却很好。等到孩子长大一点，把他接回城里以后，孩子还总是怀念在乡下的时光，觉得那时候跟妈妈很亲，自己过得很幸福。

可见，把孩子交给隔代亲，在一定程度上会解决自己很多生活上的难题，又能减轻自己家庭事业两头忙的压力。但是现在很多的职场妈妈都不信任隔代亲，一方面是因为老年人格外疼爱孩子，对隔辈的孙儿孙女容易溺爱和迁就，事事依着孩子，处处保护孩子，把孩子放在家中的核心位置。孩子犯了错误也不及时纠正，还容易满足孩子不合理的欲望，逐渐使孩子成为家里的“小皇帝”“小公主”；另一方面是因为老人大多受到传统思想的束缚，接受新生事物比较慢，教育方法和教育观念相对要落后。他们会希望孩子乖巧、听话，稳稳当当不出格，但是不善于运用科学的、有创造性的方式去引导孩子。对于孩子因为好奇心而出现的“捣乱”“破坏”等具有冒险性和创新性的探究行为，老人总是会加以阻止，而不会鼓励或者给予引导，这就可能把孩子天生的好奇心、冒险性和创新精神给泯灭掉了。

所以，职场妈妈即使再辛苦，也不愿意把孩子交给隔代亲，她们会担心因为自己一时的便利而毁掉孩子的一生。其实之所以会出现上述问题，是因为我们对待孩子和隔代亲的方式和方法不当。如果我们自身懂得怎么处理这之间的矛盾，能够从中做好协调，那么隔代亲对孩子的照顾是完全可以发挥出最佳效果的。

有心理学家已经证实，被隔代亲照顾的孩子，语言系统发育得会比在妈妈身边长大的孩子要好很多。因为孩子在刚刚学会说话的时候，每看到一个事物，都会不停地重复说："妈妈，我看到蜗牛了。""姥姥，我看到蜗牛了。""爸爸，我看到蜗牛了。"……但是妈妈因为繁忙的事务，往往没有足够的耐心在每一次孩子重复说的时候给予最及时的回答。隔代亲会不同，他们有充裕的时间和精力，愿意花时间跟孩子在一起，而且能够耐心地倾听孩子的叙述。对孩子在不同的年龄容易出现什么问题，应该怎样处理，老人知道的要比孩子的父母多得多。

但是，我们需要清楚的是，隔代亲不能代替爸爸或者妈妈的角色功能。我们不能因为把孩子交给了隔代亲以后，就认为可以海阔天空地去发展事业，以后只要隔一段时间拎着大包小包的礼物出现在孩子的面前，或者在深夜回家以后，在熟睡的孩子脸上亲亲，就完成了当妈妈的责任。当然不是。

教育孩子，我们自己才是主角，隔代亲只是发挥辅助的作用。如果我们把孩子生下来，就完全地把他甩给老人，对他的教育不闻不问，也不注重亲子关系的培养，等到孩子逐渐长大的时候再想回头管，当然会发现一大堆的问题，而且很多问题都已经深入骨髓，没办法纠正了。所以，在家庭和事业之间发生冲突，我们实在没有精力顾及彼此的时候，完全可以调动起隔代亲的作用，但在照顾孩子的过程中，也别忘记了自己还是妈妈的角色，别忽略了自己的责任。

第二章　工作VS孩子，巧搭平衡木

妈妈日记

我从来都没想过30岁之前要孩子。

理由跟很多其他的80后一样，觉得生活压力太大，尤其是在大城市里，每天都要很忙碌地生活，仿佛稍微一松懈下来，就会被别人落下。丢了前途事小，维持不了生计事大。况且现在养孩子需要太多的钱，小到奶粉、尿不湿，大到上学，每一样花销都会加大生活的负担。我和老公都不是高薪阶层，维持自己的生活还算容易，但如果多了一口人的花销，又要减少一个人的收入，日子会过成什么样，我连想都不敢想。所以，没有一定的经济基础，我从来都不敢奢望给家里再多添一条小生命。

可是，一个偶然的意外，我怀孕了。孩子来得名正言顺，又是在我和老公最合适的年龄，我实在找不出理由去扼杀这个无辜的小生命。一段时间以后，我开始害喜，呕吐。每折腾一次，我都会后悔留下这个孩子。可是时间长了，我对肚子里的宝宝产生了感情。每一次肚子疼，都能感觉到他在动，用手慢慢地抚摸，竟然能感觉到他很享受的样子。慢慢地，我不再觉得厌烦，而是对孩子的出生有了强烈的期盼……

如今，我的孩子已经7岁了。在抚养他的过程中，我遇到了很多困难，经济上的、生活上的，还有工作上的。这些困难之中最难以解决的，就是怎样既顾及孩子又很好地工作，维持孩子与工作之间的平衡……

不做菜鸟，职场妈妈晋级 Easy go

重新回归职场以后，你会发现，妈妈们想要得到晋升的机会是非常艰难的。因为职场妈妈需要分出一部分时间和精力去照顾家庭和孩子，自然不能像其他同事那样对工作全力以赴，更不能经常从事外派或者出差的工作，所以接受公司的工作调度也会有很多的顾虑。可是，这是否就意味着职场妈妈从此就只能当职场中的菜鸟，而没有任何晋升的机会呢？当然不是。我们可以尝试做到以下几点：

善于学习

职场妈妈要想获得成功，树立学习观是非常必要的。很多职场妈妈错误地以为，已经工作了，就不需要像学生时代那样努力学习了，或者知道需要不断地学习，但是由于繁忙的工作和过多的家务的影响，根本就找不到时间进行有效的学习，所以得过且过，对工作应付了事。一段时间下来，就会发现自己已经明显落后于别人，严重贻误了自己的发展机会。所以，不管时间多么紧迫，事情多么繁杂，都要抽出时间来学习，拓宽自己的知识面，提升自己的工作能力，才能给自己创造出更多的机会。

具备升职能力

想要晋升，一定要具备晋升的能力。假设你是一个普通的职员，虽然在现有的岗位上可能作出了一定的成绩，但是你的上一层职务，可能工作的方式跟你目前的工作模式是完全不同的，你是否能够适应。晋升以后，我们需要面对更多的人和事，以目前的水平来说，你是否能够应对自如，还有待考量。所以职场妈妈应该提前储备与提升相应的管理才能以及熟悉相关部门的日常事务，以备将来所需。

获得上司的赏识

虽然现在是一个重视能力的时代，但是如果你不能与上司搞好关系，单凭自身的努力，还是没有办法获得提升的机会。因为不管你在工作上有多努力，如果没有上司的引荐，上级领导也不太可能会跨级提升你。因此，职场妈妈一定要重视自己的上司，取得他的信任。因为从人的本性上来说，大多数人都愿意把好机会让给自己喜欢和信任的人，而不会提供给那些完全不把自己放在眼里或者对自己完全漠视的人。所以，与上司和平相处，并争取获得他的赏识，是职场妈妈的当务之急。

敢于承担难以完成的任务

任何人都不可能把工作做到十全十美。职场妈妈不能为了力求做到最好，就不敢接受难以完成的任务。有些事情可能表面上看起来比较难以实现，但实际上它可能是你表现自己的机会。而且，主动要求去做别人不愿意或者不敢完成的工作，也突显出了你的勇气和对公司的责任心。所以，遇到困难，千万不要退缩，懂得把握机会，你才会成为赢家。

具有超强的责任心

领导对职场妈妈的顾忌，很大一部分在于她们没有表现出自己的责任心。孩子生病了、家里有特殊情况，往往都会找借口拖延工作。如果一个人缺乏责任心，今天的工作少做一点，明天又继续拖延，到最后影响了整个团队甚至整个公司的工作进度，试问，这样的员工谁还敢重用？所以，不管家里有多大的困难，孩子多么需要我们分心去照顾，都要尽力把工作做完，争取表现到最好。

较强的执行力

上司临时指派给你的工作，一定要尽快完成，千万不要等着别人来督促你。接到任务以后，要马上行动，并且及时跟上司汇报。因为这不仅仅是对你个人能力的考量，还涉及到上司对你计划执行情况的进一步考察。如果你能够及时并且很好地完成上司指派给你的工作，无疑，在上司的心目中，对你的执行力的评价会大大提高。

要做到临危不乱，保持冷静

当照顾孩子与工作发生矛盾时，烦躁是解决不了问题的，最重要的是要保持冷静，想办法把眼前的事情解决。比如说可以暂且将生病的孩子托付给家里的其他人，或者找其他的同事代替自己的工作，千万不能因为自己的情绪波动，两方面都没有做好。

即使自己没有及时回到工作岗位上，也要勤于打探工作的进度，适当地提出自己的意见，帮助解决难题。只有面对危急情况能够泰然处之的人，才会知道怎样平衡孩子与工作之间的矛盾，也才有能力解决一切工作上的难题。

保持平常心

职场妈妈即使做好了上面的一切，也可能还是没有等到晋升的机会，所以一定要保持平常心，千万不能因为现实与期望的过大偏差，就对工作产生抵触，对领导产生不满的情绪。因为成功是需要机遇的，即使一件十分简单的事情也有可能会出现变化，职场妈妈提前做好心理准备并非坏事。

工作中完成角色转换，忘掉你的“妈妈”身份

女性在怀孕期间会受到各种各样的保护，比如在公交车上会专门设置孕妇专座。孕妇也可以享有各种优厚的权利，比如休产假等，大家也都比较认可这些对孕妇的优待措施。但是生完孩子重返职场以后，却很难再受到特殊的照顾了。投入到正常的工作中之后，同事们不会再“怜香惜玉”，因为你是职场妈妈就降低对你的要求，给你大开方便之门。职场中是没有特殊化可言的，一切都要靠你自己的实力说话。如果职场妈妈因为要兼顾家庭，就希望得到别人的谅解和支持，能够因此而逃避自己的责任，那就大错特错了。

陈玉休完产假以后，回到了原来的单位继续工作。但是她总觉得自己刚刚休完产假，孩子还小，要兼顾家庭和工作，领导和同事都应该给予理解，公司也应该考虑她的现实情况，给她一些特殊的照顾。所以，她虽然回到了工作岗位上，但是每天都以要照顾孩子为由迟到、早退，工作也不积极主动，所负责的工作业绩直线下滑。

主管找她谈话，她觉得跟领导说明自己的难处，哭诉一下照顾孩子的艰辛，领导一定会对她网开一面的。可是，主管非但没有原谅她，反而严厉批评了她，并且放下话说，要是她还不遵守公司的规定，不能把业绩提上去，就会解雇她。陈玉这才发现自己一直以来的想法是多么的错误。

在职场中，无须也不宜过多地考虑自己的生活有多大的难处，过分地强调自己的家庭和孩子，只会对个人的发展不利。所以，重返职场的妈妈们，一定要完成角色的转换。从走进办公室的那一刻开始，就要把家庭和孩子的事情抛开，全身心地投入到工作中去。千万不要心存幻

想，觉得把自己划归为“弱势群体”就能得到一些额外的照顾，别人就会把最好的工作机会先让给你；别人也不会因为你工作以外的苦恼，就分担你的风险，让你稳收别人的劳动成果。

如果你想在金融行业稳稳立足，你就要努力给自己充电，补充充足的金融知识；如果你想要在 IT 行业崭露头角，你就应该提高自己的编程能力和组织架构能力；如果你想在旅游行业成为佼佼者，你就要掌握充足的景点知识和旅游法律知识……这是一个靠实力说话的时代。有了实力，你才会被重视，工作中，你的意见和建议才会引起上级的关注。如果你的表现不突出，不能为公司创造出更多的价值，那么即使你有再多的苦衷，也没办法在职场中立足。所以职场妈妈一定要找准自己的定位，在工作中完成自己的角色转换，忘掉自己“妈妈”的身份，把家事关在办公室的门外，对工作全力以赴，才能给自己创造更多的机会。

黄丹同样是一位职场妈妈，她在面对双生涯女性的时间和体力的压力时，经常是把家事和公事分离开的。她在工作中有一套哲学，就是一定要合理地运用时间，把当天的工作分成重点和次重点，重要的、不能耽搁的必须当天完成，不是很重要的，如果当天的能力有限，可以分配给第二天零散的时间里。她做每一件事情都特别有条理，工作也特别有效率，所以即使是下班之后很少加班，也从来没有影响到自己的业绩。她把下班以后的时间都用来照顾孩子和打理家务事，在她的用心经营下，她的家庭生活也是井井有条，老公和孩子都过得非常幸福。

完成角色的转换，不是说职场妈妈在上班以后就完全对孩子不管不顾，而是说我们应该在上班以前就把孩子的所有事情都安顿好，不要到了办公室之后才想起来该给孩子准备的饭盒没有带，该给孩子吃的感冒药没有吃。一方面惦记着孩子，心神不宁，一方面忙于工作，肯定会注意力不集中，影响工作的效率。

当然，如果孩子有一些特殊的情况，比如突然生病了，需要妈妈的照顾，那么即使需要请假，也会得到其他同事的理解。但除此之外，一定不能让自己特殊化，觉得自己是双生涯就应该得到公司的照顾，更不能因为孩子分散了自己的一部分精力，就给自己找借口不完成分内的工作。

职场妈妈巧解孩子与工作之间的矛盾

孩子与工作，是职场妈妈人生天平的两侧，需要平衡。有规划与没规划，机会成本大不一样。如何踩好这个“平衡木”，解决工作与孩子之间的矛盾呢？这就需要职场妈妈能够有智慧地把握好自己的方向，勇敢地作出取舍。

清楚自己想要什么

首先要做一个头脑清醒的女人。所谓的头脑清醒就是要清楚地知道自己喜欢什么、追求什么；对自己来讲，最重要的是什么。工作发展机会的背后，往往需要付出很大的成本。这个成本是不是我们能够承受得起的？付出这个成本以后，对家庭生活和亲子关系有没有过多的影响？你所得到的，是不是自己最想要的？你所付出的，是不是自己最在意的？只有想清楚这些，才会在各种选择中作出最适合自己的选择。

或者选择为了事业的发展，暂时牺牲和孩子相处的时间，或者暂时放弃事业上的机会，注重家庭的建设需要。但是，不管作出怎么样的选择，关键是你自己的内心是否能够坦然地接受。因为选择了一种，必定会对另一种有所牺牲。只有自己清楚自己心里的追求，才不会患得患失，耿耿于怀。

照顾好自己的情绪

一头要照顾孩子，一头要忙于工作，职场妈妈如果想要开始“一根蜡烛两头烧”的生活，就一定要照顾好自己的身体和情绪。因为我们需要有很健康的身体和心灵，才能应付两头都必须要专心应对的需索和照顾。想想看，上班的时候我们需要全神贯注，不敢有一点放松，下了班之后又要拼体力，陪孩子玩耍，顾及他们的所需，这是一件多么耗费心力和体力的事情啊！如果职场妈妈总是带着负面的情绪工作和生活，一方面自责自己没有更多的时间在家陪孩子，不是一个尽职的母亲；一方面又因为越来越少的自由时间和不胜负荷的劳累，而感到委屈和难过，那么我们将会被工作和孩子折磨得苦不堪言。

正确地估量自己的能力

自从有了孩子以后，家务活就仿佛乘以了3，一下子变得多起来。如果再遇上一个苛刻的老板，在周末也不给你休息时间，那么即使职场妈妈每天都忙得团团转，也几乎找不到任何空暇的时间。在这种情况下，我们不仅要好好地学习企业管理中的时间规划和效率原则，还要对自我能力有充分的认识和衡量，不要逞能地以为自己可以应付所有的事情，或者必须承担所有的工作。我们必须学会在感受到重压之后发出求救的信号，试着把一些不是很重要的工作，无论是家庭中的还是事业中的，分摊出去。我们可以根据自己的实际情况和能力，修整对目标的要求，或者把达到这些目标的时间放宽一些。比如，已经劳累了一天，晚上还要陪孩子，就不一定要坚持着把书柜整理一遍，也不用非要把所有的衣服都在一天内洗完，完全可以等到周末的时候再来处理，或者可以把很多的工作分摊开来，一点一点地完成。

放松自己，用平常心面对生活和工作之间的矛盾

每个孩子都会遇到健康问题。如果每一次孩子出现健康问题时，妈妈都会变得紧张和焦虑，不仅会影响工作的效率，还可能会因为烦躁的心情而让原本简单的事情变得更加复杂，从而耗费更多的时间和精力。

所以，职场妈妈应该放松心情，用平常心去看待工作上的难题和照顾孩子之间的冲突。

合理地规划生活，适度开支

很多职场妈妈恨不得倾其所有，给孩子提供最好的生活环境，为孩子创造最好的受教育环境。可是，就好像是吃饱了的人不需要更多的面包一样，当孩子的需求已经得到了基本的满足，过多的给予只会造成经济上的浪费，还会在无形当中加重自己的经济负担。

经济压力就好像是一条绳索，经常会勒得人喘不过气来。职场妈妈如果背负着太多的压力，那么不管做什么工作，都不会感觉到轻松，也会没有好心情去享受生活。所以，合理地规划生活，适当地减少浪费，为自己减轻经济负担，是职场妈妈解放自己的一个很好的方式。

智慧取舍，职场妈妈争当办公室红人

“成功之花，人们只惊羡它现实的明艳，然而当初它的芽却浸透了奋斗的汗水，蘸满了辛酸的眼泪。”成功不是一蹴而就的，它就像枝头上的苹果，要用信念和决心去培育才能成熟。重返办公室的职场妈妈，要想在短时间适应环境，让同事们重新接纳自己，得到老板的赏识，从而成为办公室里的“红人”，就必须做到以下几点：

1. 在“灰色地带”发光

想要成为办公室明星的第一步，就是要在所谓的“灰色地带”率先发光，即善于冒险。在办公室里，总会有一些工作是别人不屑于做或者不敢做的，职场妈妈要有勇气参与并且完成额外的艰巨任务，让别人对你刮目相看。

2. 恰当地打扮，引起上司的注意

如果你想大显身手，必须争取上司的支持以及上司的上司对你的注意，现在是“眼球”经济时代，只有吸引了“眼球”，对你的事业发展才会有利。

要吸引他们的注意力，除了具备扎实的专业知识和出色的工作能力之外，合适而性感的穿着，绝对是引人注目的法宝。一件能充分显示线条美的裙子，或是略显性感的短裙套装，加上摇曳生姿的高跟鞋、浓淡相宜的妆容，既有成熟的女人味，又不失端庄。

不过，切记：你的目的是要你的上司、你的同事、你的客户欣赏你的穿着品位，喜欢你，并认真看待你的工作能力，而不是要他们把你当做性感尤物，或是产生性幻想。

3. 温柔幽默的话语，化解同事之间的矛盾

职场妈妈的娇媚和温柔的特质，在面对冲突时是最好的润滑剂。当你和办公室里的其他同事意见不同时，先别急得脸红脖子粗，应该保持风度，维持笑容，气定神闲，甚至可以摆出一副低姿态化解僵局。要记得，大部分人都是吃软不吃硬的，当你摆出愿意妥协的姿态时，对方往往会先软化，妥协得比你更彻底。

此外，职场妈妈应培养幽默感，因为在适当时机加入适度的幽默，不但可化解僵局，也可以消除双方的紧张和压力。

4. 以你之长换他人之长

每个人都有自己的优势和劣势，如果能够充分发挥自己的长处帮助其他的同事，在你完成某个项目却力不能及的时候，才能更加容易得到别人的帮助。中国人讲究“礼尚往来”，其实这就是一种交换游戏，即你帮助过别人，用自己的优势弥补了他人的不足，才能较容易地利用他人的优势来弥补你的不足，从而实现双赢。

5. 嘘寒问暖，赢得同事的信任

情感是联系同事关系的重要纽带。职场妈妈要想获得不错的影响

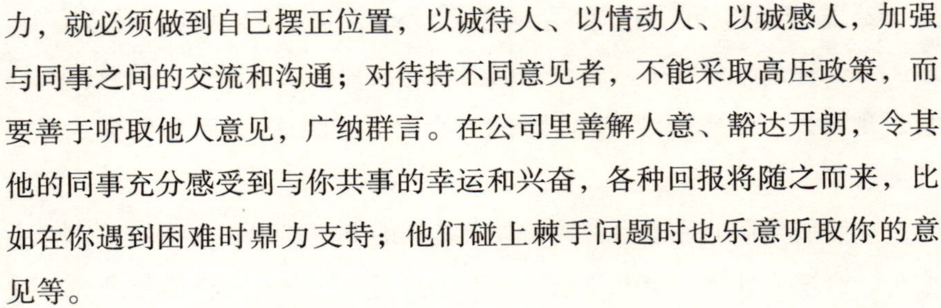

力，就必须做到自己摆正位置，以诚待人、以情动人、以诚感人，加强与同事之间的交流和沟通；对待持不同意见者，不能采取高压政策，而要善于听取他人意见，广纳群言。在公司里善解人意、豁达开朗，令其他的同事充分感受到与你共事的幸运和兴奋，各种回报将随之而来，比如在你遇到困难时鼎力支持；他们碰上棘手问题时也乐意听取你的意见等。

6. 扮演好助手的角色

当你还是一名小职员的时候，绝不能过分谄媚、自大。没有听到上司的指令，不能擅作主张，最好的态度是：不惹怒主管，又能利用“妈妈”的身份优势，把任务做好，让领导对你放心。

7. 有意识地树立领袖的形象

在公司里，各种性格的人都有可能遇上，有些还是工作当中无法避免的麻烦人物。作为职场妈妈，面对不同性格类型的人，要有耐心，积极寻找与他们和睦相处的方法，让自己具备足够的号召力。通常情况下，如果一个人拥有广博的知识、充分的创造力并且知道关心别人，能设身处地地为别人着想，平时不遗漏细节，就能够被大多数人信服。

8. 做个超级沟通家

办公室明星必须是一个擅长沟通的人，知道在什么时机说什么话，用最恰当的语言表达自己的想法。在撰写报告、备忘录甚至与人交谈的时候，知道用什么样的话语去蛊惑别人，让别人能够同意和拥护自己。

9. 要做到知己知彼

谁是可以信任的人，谁必须敬而远之。职场妈妈从重返职场的那一天开始，就一定要了解办公室里的局势，掌握内幕，可以借故跟比较亲近的同事深谈一次，从侧面了解办公室里的信息，并且要清楚地知道他们的想法。

另外，职场妈妈千万不要让别人看穿了你的底牌。当你的身心不堪重负，悲伤、焦虑、恐惧，或者因为忙于工作而对孩子产生了很强的愧疚感时，要学会自我调节，自我控制，勇敢地面对失败和压力。只有这样，才能赢得上司的赏识和同事的认可，使职场中的一切尽在自己的掌握之中。

新妈妈如何应对回归职场难题

经过几个月的产假休整以后，想要重新回归职场，肯定会有很多事情让初为人母的职场妈妈不适应。如何能够在最短的时间内，尽快适应即将面临的工作挑战和压力，如何在恢复上班以后，正确巧妙地处理好家庭与事业的关系，是每个职场妈妈都要面对的难题。在此，我们针对职场妈妈可能遇到的难关，特别制定了一套回归职场的方案，相信它可以帮助你以一个全新的形象在第一时间适应新的环境，从而恢复往日的美丽与自信。

第一道难关：原来的位子有人顶了

今年年初刚刚升任部门经理的王燕，正打算大刀阔斧地做出一点业绩的时候，发现自己怀孕了。

休产假的时候，她的部门不能因为没有领导而搁置，单位只好调请其他部门的副经理丁敏来替代她。丁敏一直都是一个做事认真也很有头脑的人，她觉得这对自己是一个很难得的机会，就拼了命似的想要好好表现。她的努力也得到了单位领导的认可。这样一来，就给王燕增添了很多困扰：自己好不容易才升至经理的位子，现在又被人替代了，产后自己将何去何从呢？

果不其然，半年以后，当王燕休完产假回到公司的时候，老板一脸迟疑地说："你先做着吧。"也没有安排具体的事宜，好像她是刚进公司的新职员一样。王燕觉得特别的委屈，是跳槽还是耐心等待，成了堵在她心口的一道难题。

★ 应对绝招：

适应岗位变化是新妈妈们重新回归职场时首先要学会的功课。尤其是那些在产前一直处于工作要职的新妈妈，岗位肯定会有人替代的，回到公司，可能就没有办法恢复到原来的职位了。另外，社会普遍会认为，刚生完孩子的女性会把全部的心思都用在照顾孩子上，能够投入工作的精力会相对减少，所以一般的领导都不敢对这样的女性委以重任，这会让新妈妈感到非常的失落。但不妨换一个角度去思考问题，视人事变动为正常现象，把自己看做是一个刚涉职场的新人，一切从头开始，也许会更有利于学习，更快地适应新的环境。

第二道难关：感觉自己跟社会脱节了

小芳产前在一家出版社工作，这是一个市场更新很快的行业，虽然产后她回到了原来的工作岗位上，但是以前熟悉的工作让她感觉非常的困难，即使是以前可以应对有余的事情，现在也不知道应该从何下手。她觉得自己就像是跟社会脱节了一样，不只自己的知识结构明显落伍了，别人挂在嘴边的新名词自己一无所知，就连跟同事们沟通也出现了困难。同事们经常在一起聊天，开一些无伤大雅的玩笑，可是她发现自己从来都不知道应该怎么插话。原来熟悉的职场生活，一下子变得陌生，她不知道应该怎么样去应对。

★ 应对绝招：

休产假期间，妈妈们很难随时更新专业知识，跟社会接触少，工作思维和方式都停留在以前，很难适应市场的快速变化。回归职场以后，就会觉得别人都是进步了的，唯独自己是倒退了的，所以会觉得与社会的差距越来越大，自己很难适应。这时候，及时充电就变得非常重要，只要我们能够以积极的心态面对工作，每天都主动去学习一些新的东西，比别人付出更多的努力，肯定能够改变现状的。

第三道难关：兼顾工作和家庭，精力不够

现在的职场竞争机制那么激烈残酷，谁会因为你是一个刚出生的孩子的母亲就对你格外照顾呢？每天都有忙不完的工作，晚上还要给孩子喂奶。遇到孩子不省事的，每天晚上折腾个三四次，即使是铁人也会累趴下。晚上休息不好，白天就没有精力工作，即使以前再顺手的工作，现在也会做得力不从心。如果再遇到孩子生病，家里和单位两头都不让人省心，会让职场妈妈变得特别焦虑，不禁会质疑：为什么我的工作和家庭两方面都顾不好，什么事情都是一团糟呢？

★ 应对绝招：

如何处理好工作和家庭之间的关系是一个很现实的问题。职场妈妈应该懂得协调，争取在公司里把所有的工作做完，晚上回到家里，一心一意地照顾孩子。如果自己的精力有限，实在忙不过来，要懂得借助父母、公婆以及保姆的力量。最重要的是，要及时疏导自己的情绪，别让自己被压力压垮。要学会调整心态，缓解焦虑。可以经常跟其他职场妈妈沟通，或者多见见自己的好朋友，寻找一些更好的协调方法。另外，除了顾及孩子和工作之外，也要给自己留一些时间，可以舒心地泡一个热水澡，听听自己喜欢的音乐，或者多做做运动，对维持好心情能够有一定的帮助。

职场妈妈的言行七大忌

职场是一个小社会。妈妈们重返职场以后，想要让老同事更好地接纳自己，成为领导欣赏的员工，在职场工作中出类拔萃……都不太容易。如果职场妈妈做不好，反倒会让其他的同事疏远你、讨厌你。所以，如果想要跟更多的人相处融洽，让自己的工作进行得更加顺利，职场妈妈就要注意自己的言行，不能犯了以下几种大忌：

1. 言行兴趣化

职场妈妈可以没有经济压力，不是为了养家糊口，而单纯是为了自己的兴趣出来工作的。但是在工作中难免会与自己的兴趣产生一定的偏差，如果在言行当中过于强调自己的兴趣和喜好，能够符合自己心意的工作就能做得好，不符合心意的就马马虎虎，应付了事，会给老板一种刻板的印象，觉得你的上进心不如那些尚未生产的女性或者其他的男性同事，这样会不利于你的升职和加薪。

2. 来去匆匆，不知道敬业、守时

由于家庭和孩子的牵绊，要职场妈妈和其他男性同事一样每天加班到很晚，那是不现实的事情。很多职场妈妈下班以后都要急匆匆地赶向托儿所或者幼儿园去接孩子，所以一旦当天的工作繁多，就不得不将任务拖到第二天。长此以往，会给上司留下不守时、不敬业的不良印象。所以职场妈妈一定要合理安排工作时间，不早退，不迟到，争取当天的任务当天完成，尤其不能因为自己的原因拖了整个团队的后腿。

3. 安于现状

职场妈妈获得晋升的机会不少，关键是看你自己是否能够充分发挥自己的才能，及时地为自己充电，为公司创造出更多的价值。有很多女性当了妈妈以后，由于时间和精力的不足，就开始安于现状、自我满足，觉得自己能够将眼前的工作应付过来就已经很不错了。可是，当一个员工坚守在一个固定的岗位上，几年甚至十几年都没有任何的进步是不行的，职场妈妈只有变得更勤奋、更努力，争取多掌握一些专业知识，才能获得老板的认可，从而获得晋升的机会。

4. 过多地谈论孩子和丈夫，把家庭生活的痕迹带进办公室

孩子是妈妈的心头肉，即使是在工作中，职场妈妈也很难不惦记自己的孩子。可是，从走进办公室的那一刻开始，职场妈妈就应该完成角色的转换，从家庭主妇的心理转化成为公司的员工。而且，在办公室里，不要总是把孩子、老公挂在嘴边，工作之余，与同事之间的话题总是围着孩子转。

5. 把工作当成苦役

职场妈妈每天都要面对繁忙的工作，一天之内的很大一部分时间都要以工作为主。如果是以一颗厌烦不堪的心去对待自己的工作，那么可想而知，每天的工作时间会是多么的痛苦和难熬，自己的生活也会在不愉快之中度过。如果职场妈妈换一种心态，以快乐的心情去工作，不把工作当成是一种苦役，那么她们每天的日子将会变成另一番模样。

6. 着装过于暴露

职场妈妈是成熟的女性，自然有成熟女性的魅力。可是有些职场妈妈会因此而不注意自己的形象，穿得特别性感或者暴露，来强调自己已经是“妈妈”的身份。但是办公室不是自己家的客厅，想穿什么就能穿什么。办公室是庄严的场所，而员工的穿着在一定程度上代表了公司的形象，所以职场妈妈一定要注意自己的穿着，不要因为太过性感而引起上司和同事的反感。

7. 搞特殊化，希望得到更多的同情和理解

女性生完孩子以后重返职场，生理和心理上都需要有一个适应期，这个调试需要依靠自己来完成。有些职场妈妈在办公室里特别感情用

事，觉得自己要兼顾家庭和工作，会特别的辛苦，希望能够得到同事的理解和支持，也希望同事们能够给予自己更多的照顾。可是同事之间多为竞争关系，大家都是靠本事吃饭，没有谁有义务必须帮助你、照顾你。相反，如果职场妈妈总想搞特殊化，希望得到特殊的照顾，一定会引起其他同事的反感。所以，即使有再多的辛苦，也要自己撑，否则只会给自己惹来更多的麻烦。

工作、育儿双成功，职场妈妈的时间管理

一边是永远都忙不完的工作，一边是嗷嗷待哺的宝贝，想要把这两件大事搞定已经让你焦头烂额了，更别提想要有做运动或者皮肤护理的时间。生完孩子重返职场以后，你会发现时间突然变成了你的敌人，即使是你拼命想要抢一些时间出来，可不管自己怎么忙都没办法从那些繁重的任务中解脱出来。这时候，有效的时间管理方法能够拯救你。

1. 平衡各种活动的时间分配

做了妈妈以后，生活中多了照顾宝宝这一项重要内容。宝宝出生以前，家庭从事业中抢时间的能力还比较弱，但是宝宝出生以后，不管你愿意不愿意，都必须分很大一部分精力给家庭，甚至有时候可能要牺牲掉自己的事业。所以，职场妈妈更应该花些时间来平衡各种活动时间，让自己的生活过得既充实又没有遗憾。

2. 把要做的事情列成单子

很多职场妈妈做得很疲劳，是因为工作占去了她们大部分时间，但如果我们能够很高效地完成工作，照顾孩子的时间就会变得更充裕。想要提高工作效率，最好的方法是安排事情的先后顺序，把要做的事情列成一个单子。每天晚上把第二天要做的前 20 项工作简要地写下来，并

在这一天当中，反复看几遍这个单子。完成单子上各项任务的最好方法是给每一项工作都留出一个专门的时间。

3. 用有限的时间去做最重要的事情

做事情的时候要遵循“二八原则”，即把80%的时间投入到20%最重要的事情当中去，自己就可以集中精力解决最重要的事情。其他的时间去处理琐事，就不会被那些繁琐的小事给牵绊住。

4. 做事情之前要做好准备

时间会浪费掉，很主要的一个原因是因为我们经常“打无准备之仗”。比如在给客户打电话之前，没有了解足够的信息，以至于客户问起其他事情的时候不知道应该怎么回答，挂断电话之后还要很慌张地找材料，再给客户回电话，无形之中就会浪费很多时间；给孩子看病，没有提前挂号，到了医院盲目地等，一点计划也没有；明明知道有一个非常重要的会议要出席，已经出发在路上的时候，却想起来孩子在家没有奶粉了……有时候是因为我们太没有规划了，不懂得怎样在事前做好充分的准备，才导致经常会措手不及。

5. 利用统筹方法节省时间

同样多的事情，按照不同的顺序排列，也能节省出很多的时间。比如，想泡壶茶喝。当时的情况是：开水没有；水壶要洗，茶壶、茶杯要洗；火生了，茶叶也有了。怎么办？

办法甲：洗好水壶，灌上凉水，放在火上；在等待水开的时间里，洗茶壶、洗茶杯、拿茶叶；等水开了，泡茶喝。

办法乙：先做好一些准备工作，洗水壶，洗茶壶茶杯，拿茶叶；一切就绪，灌水烧水；坐待水开了泡茶喝。

办法丙：洗净水壶，灌上凉水，放在火上，坐待水开；水开了之后，急急忙忙找茶叶，洗茶壶茶杯，泡茶喝。

我们一眼就能看出第一种方法是最节省时间的，后两种方法都会或多或少地耽误时间。工作和照顾孩子也是一样的，很多时候我们都是把时间浪费到了排序不当上，如果我们愿意把做事的顺序做一下调整，达到最优的效果，那么我们可能会节省出很多时间。另外，为了节省时间，我们还要做到：

（1）将时间单位缩小，以一刻钟为单位，这样会让你减少浪费时间的概率，同时也会将零散的时间都利用上。

（2）一周抽出一点时间将家里整理一下，留下其他的时间应付孩子和工作。

（3）减少聊天的时间，但应该定时参加育儿俱乐部去跟其他的职场妈妈交流经验。

（4）不要做一个过分热心的人，因为你没有时间处理太多的事情。

（5）可以请小时工来分担家务，每周可以节省十几个小时陪孩子或者处理重要的工作。

（6）学会发挥每一个家电设备的作用，让它们为提高效率作贡献。

（7）利用等车、坐车等零散的时间给自己一点放松的机会，如听自己喜欢的音乐、看看电子书等等。

（8）将生活和工作中所用的物品放在固定的地方，这样会节省四处找东西的时间。

（9）帮孩子养成良好生活习惯，他的按时作息决定着你计划完成的程度。

（10）可以带着孩子去旅行，或者参加朋友的聚会，既不影响自己的生活，又能多一些亲子时间。

（11）不管工作多忙，孩子多么需要你照顾，都要首先照顾好自己。因为只有你有一个好的精神状态，才能做更多的事情，千万不要因为自己总生病而影响所有的计划。

认识并发挥出职场妈妈的工作优势

同样是半杯水，有的人看到的是流失的那半杯，有的人看到的是拥有的那半杯。人生中，如果总是用悲观的眼光去看待缺少的那一半，就是在扼杀快乐和希望，就是在自己折磨自己。快乐之道在于，要看到拥有的那一半。同样的道理也适用于职场妈妈。

悲观的人只看到自己的不足，乐观的人却能发现自己的优势。尽管在工作中我们可能会因为要照顾孩子而分散一部分精力，没有办法像其他单身女性那样可以对工作全力以赴，但是我们也可能具有很多单身女性无法比拟的优势，而这些优势足够让我们在职场中支撑起一片天。那么在职场中，我们都有哪些工作优势呢?

1. 专注于本职工作

在经过休产假这段时间的休整以后，职场妈妈能够对过去工作中出现的问题进行反思，调整自己的工作态度。与那些刚参加工作的小女生相比，职场妈妈少了许多不切合实际的幻想，能够更加脚踏实地地工作。她们的目标明确，有能力排除其他外力的干扰，从而更专注于本职的工作。而且，亲身体会过把一个孩子从孕育到诞生，再到抚养成人的过程，职场妈妈会变得特别有责任感。她们不会像小女生一样任凭自己的喜好和心情随意地更换工作，而是更懂得自己的本分，对自己的工作负责。

2. 难以比拟的人脉

职场妈妈除了在工作上经验丰富，更有比较稳固的业内人脉关系。女人在当妈妈以后，全身会洋溢着一种幸福的母性，给人一种稳重、踏实的感觉，与人沟通的时候会多了很多亲和力，所以更容易交到朋友。

和小女生相比，职场妈妈少了几分娇嗔，多了几分稳妥和幽默，与人建立关系以后，更懂得如何维护。所以职场妈妈的朋友圈往往会变得更加稳固和实用。

3. 做事严谨有规律

职场妈妈因为下了班以后还要照顾孩子和家庭，为了不让自己每天都弄得筋疲力尽，她们经常会很有规划、很有计划地安排自己的生活。而这种生活轨迹的相对稳定，也会逐渐被带入工作中来。她们做事严谨，更有利于计划的制定和完成。由于带孩子时需要胆大心细，教育孩子需要智慧和耐心，具备了这几点，不仅能够对工作得心应手，还能在与上司、同事、客户的相处中突出这些难得的品质，从而赢得人心。

4. 不露锋芒的竞争实力

职场妈妈的能力不容小觑，但是在经历过生产和孕育以后，她们的内心会变得更加沉稳和充实。面对职场残酷的竞争机制，她们往往会少了几分张扬，多了几分淡定和沉着。在照顾孩子的过程中，爱心和细心是最不可缺少的两种元素。而职场妈妈如果把这两种元素带到职场中来，不仅有利于工作的进展，还能维系很好的人际关系，为自己提升在职场中的地位打下坚实的基础。

5. 拥有更丰厚的人生感悟

有人说，孩子是一本免费的教科书，他能用最浅显的方式教给你以前不懂的真理。做了母亲以后，每天跟孩子在一起的时间增多了，他的一个眼神、一个小动作都可能给你很多人生的启发。职场妈妈会发现自己变得越来越愿意感悟人生，越来越主动地想要去学习，而在这个过程中收获的不仅仅是丰厚的人生感悟，更有在更深的感悟中积淀出来的更强的驾驭工作的能力。

6. 自省能力的增强

孩子的健康成长，离不开妈妈的教育和培养。可是在教育孩子的过程中，需要我们不断地反省自己的行为，唯恐一个方法不当，或者一个不负责任的言行对孩子产生不好的影响。所以在与孩子相处的过程中，职场妈妈总是要提醒自己并随时纠正自己，这会有利于我们在职场中不断审视自身，逐步改进，并最终做到最好。

综上所述，认识到了自己拥有的这些优点以后，职场妈妈如果能够合理地运用自己丰富的职场经验、平和的心态和深刻的人生感悟，明确目标一路进取，那么职场妈妈的优势将无可比拟，职场妈妈无疑在职场中会更上一层楼。

消除职业顽疾

现代社会，都市白领的工作压力越来越大，职场妈妈由于要分出一部分时间来照顾孩子，需要承受的压力更甚于其他人。大多数职场妈妈不仅要面对身体上的亚健康，心理健康也在一定程度上受到了威胁。所以，消除职业顽疾成了职场妈妈刻不容缓的课题。

职业顽疾之一：认为工作上的成就感可以取代家庭中的幸福感

如果问职业女性，你的幸福感来源于事业还是家庭？当照顾孩子和工作之间发生矛盾时，你更愿意作出怎么样的选择？很多人会回答说，选择工作。因为对事比对人容易，工作上能带来无限的成就感，但是大多数职业女性在孩子面前，体会到的永远都是挫败感。没错，事业上的成功能够给女人带来非常大的满足感，比如她坐到了分公司经理的位置上，或者成为了公司里的业务骨干，她出去之后，很多人都会特别尊敬她，会高看她一眼，这时她会获得一种心理上的成就感和满足感。

但是只有个人情感上的满足，家人幸福，孩子开心，我们的心理才能真正地被幸福充溢。现在有很多职场妈妈，尽管在事业上已经取得了成功，经济上也有了一定的资本，但是她的生活重心完全被工作占满，从来没有主动关心过孩子。她把孩子生下来，完全交给其他人帮忙培养。这种生与养分离，痛苦的不仅是孩子，也会让职场妈妈丢失掉幸福感。工作的时候，我们也许还无法体会，等到夜深人静或者一个人独处的时候，对孩子的愧疚感会油然而生。如果因为缺少妈妈的关心而造成了孩子性格上的缺陷，使他变得更加叛逆，总爱惹麻烦，我们会更痛心和后悔。所以，不要误将工作上的成就感当成最终的幸福，而把家庭和孩子当成累赘。只有家庭和事业双丰收的时候，我们才能体会到真正的幸福。

职业顽疾之二：情绪抑郁，患上失眠焦虑症

现代社会，职场压力大，很多职场妈妈经常加班到深夜，有时甚至凌晨三四点钟才睡。再加上深夜里孩子总醒，职场妈妈很难有一个完整的睡眠。作息时间没规律，生物钟紊乱，很容易破坏人脑的“睡眠装置”，引起失眠。每天都休息不好，压力过大，会导致情绪长期处于低落状态，对任何事情都没了兴趣，丧失了以往对生活和工作的热情，并经常对前途感到悲观、失望。

为此，职场妈妈应该尽量合理安排工作和休闲，并勇于尝试各种有效的放松方式，为自己的情绪宣泄找一个适当的突破口。要加强自身的心理素质修炼，面对生活中的不断变化，要做到处事不惊，从容应对。

职业顽疾之三：经常把工作带回家

有经验的人经常会告诫我们说，不要把情绪带回家。其实如果你想让自己的家庭变得更加和睦，你的孩子能够得到更好的照顾，最好是不要把工作上的情绪带回家，更不要把工作带回家，我们应该做到工作和生活分离。因为如果工作和生活经常混在一起的话，我们就会分不清什么才是当前最应该面对的事情。工作上遇到不开心的事情，回到家里也很难有一个好心情，做什么事情都提不起来精神。如果这个时候孩子吵着要跟你做游戏，或者哭闹着不听话，我们往往会变得更加烦躁，并且这样的情绪会持续很长时间。

很多职场妈妈经常会抱怨，工作上越是烦的时候，孩子越容易添乱，她们会习惯性地把问题的根源推到孩子的身上。其实之所以会出现这种情况，往往是因为我们不懂得怎样处理家庭和工作之间的关系。生活和工作一定要做好分界，工作的时候就应该认真工作，生活的时候就必须积极生活，两者完全分离开，这才是我们最应该学习的事情。

会克制、会忍耐、会调节、会沟通，遇到不开心的事情，及时地排解出去；遇到难题，及时想办法解决。从进入公司的门开始，就要把家事统统都放下。下班以后，就是私生活的开始，尽量把工作都放下，和老公一起陪着孩子，在温暖的小窝里体会家的乐趣。只有这样，我们的身心才能更加放松，才能有更多的精力兼顾工作和家庭。

第三章　读懂你的孩子，职场妈妈告别教子误区

测试你教育孩子的方法正确吗

孩子在成长中出现的问题，主因是家庭教育方法不当。很多职场妈妈对孩子的科学教育知识匮乏，深陷教育孩子的误区当中而不自知。以下是一个简单的测试，让您在轻松之中了解自己的教育方法是否得当。

请在下列题目中填写您平时所做或者最有意向的答案：

1. 您觉得自己与孩子之间有代沟吗？

A. 完全没有　B. 不觉得有　C. 有一点点　D. 比较深

E. 有很深的代沟

2. 在学习和生活中，您总拿自己的孩子跟别人的孩子进行比较吗？

A. 完全没有比较过　B. 一般的情况下不比　C. 偶尔会比

D. 一般都会比　E. 经常

3. 孩子出现问题，您觉得父母应该：

A. 负全部责任　B. 负大部分责任　C. 负一半责任

D. 负一小部分责任　E. 不用负责任

4. 您禁止孩子做的事情，自己是否能够以身作则？

A. 全部能　B. 大部分能　C. 一般都能　D. 一般都不能

E. 从来都不能

5. 您多久跟孩子有意识地沟通一次？

A. 每天　B. 隔一两天　C. 一周　D. 半个月　E. 一个月以上

6. 您是否经常打骂自己的孩子？

A. 从来不会　B. 一般不会　C. 偶尔会　D. 一般会　E. 经常

7. 您觉得对孩子现在的表现满意吗？

A. 很满意　B. 大部分满意　C. 一般的都能满意

D. 有一些不太满意　E. 所有的都不满意

8. 您与孩子的爸爸有矛盾冲突的时候，是否会当着孩子的面发生争吵？

A. 从来不会　B. 一般不会　C. 偶尔会　D. 一般会　E. 经常

9. 当孩子出现打扮奇异、懒惰、学习成绩不好、上网等问题时，您是否能够接受？

A. 全部能　B. 大部分能　C. 一般都能　D. 一般都不能

E. 从来都不能

10. 当孩子面临困难时，您是否会给孩子提供支持？

A. 完全会　B. 大部分会　C. 一般都会　D. 一般都不会

E. 完全不会

11. 如果您觉得亏欠孩子的时候，会试图用金钱和物质进行补偿吗？

A. 从来不会　B. 一般不会　C. 偶尔会　D. 一般会　E. 经常

12. 您是否认为只要给孩子送到好的学校，就能让孩子接受到好的教育？

A. 完全不赞同　B. 大部分不这样认为　C. 一般不这样想

D. 偶尔会赞同　E. 没错，我就是这么认为的

13. 您不高兴时，是否总归咎于孩子？

A. 从来不会　B. 一般不会　C. 偶尔会　D. 一般会　E. 经常

14. 您是否非常信任自己的孩子，允许他（她）随心所欲地去做事？

A. 完全允许　B. 大部分会允许　C. 一般的都会允许

D. 一般都不会允许　E. 完全不允许

15. 您是否会尊重孩子的意见?

A. 完全会 B. 大部分会 C. 一般都会 D. 一般都不会

E. 完全不会

16. 您是否对孩子有过这样的表白:“我为你做了这么多牺牲,你就必须听我的话。”

A. 从来没说 B. 一般不说 C. 偶尔会说 D. 很多时候会说 E. 经常

17. 您经常赞扬您的孩子吗?

A. 经常会 B. 大部分会 C. 一般都会 D. 一般都不会

E. 完全不会

18. 您是否会在旁人的面前批评孩子如何不听话、懒惰、不上进?

A. 从来不会 B. 一般不会 C. 偶尔会 D. 一般会 E. 经常

19. 您是否觉得您的观点就是永远正确的,孩子的观点就永远都是错的?

A. 从来不会 B. 一般不会 C. 偶尔会 D. 一般会 E. 经常

20. 您了解孩子的内心,知道他(她)最想要的是什么吗?

A. 完全了解 B. 大部分了解 C. 一般都了解 D. 一般都不了解

E. 完全不了解

计分:其中A为5分,B为4分,C为3分,D为2分,E为1分。将所有分数加起来,即为本测试的最终得分。

85分以上:恭喜您,您是很优秀的家长,希望您再接再厉。

70~85分:您是合格的家长,可是千万别得意,您还需要学习和进一步提高。

60~69分:作为家长,您基本合格,但还需要多方面进行改善,建议您进行系统的家庭教育的学习。

60分以下:真不好意思,您不是一个合格的家长,希望您在孩子的教育方面多花费一些心思,对科学教育的方法多做研究,争取早日成为合格的家长。

职场妈妈，不要走进“孩奴时代”

《蜗居》里有这么一句台词：“你这一个小东西儿，吃进去的奶粉，进口的100多块钱，拉出来要用尿不湿，名牌的又要100多块钱，进出都要钱，你整个儿一双向收费啊！”这句犀利的台词，说出了很多80后职场妈妈的心声。

生活压力大，80后偏偏又最小资，不愿意降低自己的生活质量。有了孩子，总想要给他们最好的：吃的、穿的、用的、玩的，哪一方面都不想亏了孩子，所以无形中经济压力也就增大了。于是，很多职场妈妈不得不沦为孩子的“奴隶”，为他工作，为他赚钱，为他忙碌，最后竟迷失了自我的价值。

可是，职场妈妈终日忙碌，却仍然无法减轻生活的压力，连连哀叹“孩子不好养”。但是回顾过去，在我们爷爷奶奶、姥姥姥爷那一代，哪一家不是有五六个孩子，哪一家的孩子不都是好好地长大了？现如今，我们的生活条件好了，家里两个人赚着工资，有的甚至有姥爷姥姥、爷爷奶奶接济，怎么就连一个孩子的奶粉钱都供不起？归根结底，还是中了“消费”的毒：

1. 被纷繁的市场诱导，盲目消费

随着时代的发展和消费水平的提高，现在的婴幼儿用品市场早就摆脱了过去“奶瓶+尿布”的格局，婴幼儿用品越来越“精细”：喝水和吃饭的勺子要分开；孩子喝水要用温度计先测量水温；还有各种各样的“婴幼儿安全用品”。这些东西价格不菲，却并没有太多的实用价值。

比如有一种叫做“热敏浴垫”的安全用品，它的工作原理是这样的：当浴缸里的水温过高时，浴垫就会自动显示出“太热了”的字样，提醒你浴缸里的水对于婴儿来说太热了。但是，在抱着孩子洗澡的过程中，难道我们的手不会感应温度吗？我们不会凭借自己的感觉去衡量温度是否适合孩子吗？还有一种穿在婴儿身上的安全带，把孩子包裹得像是一个提线木偶，只是为了防止在抱孩子的时候把孩子的脖子弄断。难道在这种物品没生产之前，有很多孩子的脖子被妈妈弄断过吗？看来，随着科技的发展和消费市场的繁荣，很多职场妈妈都忘记了自己照顾孩子的本能，而过多地依赖科技产品，造成了很多盲目的、不理智的消费，给自己增添了很大的经济负担。

另外，孩子的衣服也大可不必非买名牌不可。只要保证是纯棉的材质，不刺激孩子的皮肤就可以了。要知道，“健康才是最重要的”。也不要一次性给孩子购买太多的衣服，因为孩子成长的速度比较快，衣服买多了，很多都来不及穿就变小了，也是一种经济浪费。

2. 改变不当的育儿方法，回归家庭教育

近几年，随着早教观念的兴起，各种各样的早教机构和早教书籍也充斥着职场妈妈的眼球，其价格也都不菲。一堂早教课需要几十块到几百块钱不等，还有各种兴趣班、特长班。可是，这样的教育方法果真得当吗？

心理学家认为，学前的孩子更多应该以游戏为主，对于知识类的学习完全可以按照正常的阶段来进行，没必要提前。因为孩子在学前如果承受了太多的压力和学习任务，反而不利于身心的发展和后期智力的培养。所以，职场妈妈完全没必要把知识性的教育作为很硬的任务让孩子完成。

不过很多职场妈妈的顾虑是：“别的孩子都在学，如果我的孩子不学，那么在起跑线上是不是就输给其他的孩子了？”所以即使生活条件没那么优越，经济上负担很重，也要硬着头皮花高价钱打造“早慧儿童”。这种心态我们是可以理解的，因为现在的教育现状本来就很现实，“千军万马过独木桥”的竞争淘汰机制已经从大学提前到了小学或者是学前班了，如果孩子做得不好，可能连一个“重点小学”都进不去。可是，孩子学习能力的培养并不一定非要在教育机构才能获得。我们也可以通过适当的家庭教育来完成。职场妈妈完全可以通过亲子教育，增加和孩子的感情，培养孩子与人沟通的能力，锻炼孩子的思维，让孩子在家庭的温暖中获得进步，岂不是一举多得！

3. 调整育儿观念，避免攀比

孩子并不是天生的花钱机器，很多时候是因为父母热衷于攀比而不可避免地掉进了经济压力的陷阱里，又把过错归咎到了孩子的身上。所以作为职场妈妈，我们应该以正确、平和的心态养育下一代，拒绝虚荣和攀比。

只有当我们理智地看待消费，拒绝虚荣和攀比，以平和的心态养育孩子的时候，我们才能拒绝做“孩奴”。因此，职场妈妈应该身体力行，消除养育孩子的焦虑，让自己的家庭变得更加温馨。

孩子的修养与金钱无关

国内有一位从事社会学教育的学者说：“美丽，这个曾经来自天然的赠予，现在随着工业的进步，已经变成来自于购买的行为了。”言下之意，在曾经的岁月里，我们每个人生来是什么样子就是什么样子，没有多余的办法可以改变。但是在现今社会，不管你生来是什么模样，都可以借由“购买”来改变。这里的“购买”，可以是化妆品、保养品，也可以是通过专家的手术，让人大变模样。在这种观念的影响下，很多职场妈妈都认为，只要有了购买力，有了足够的金钱，就可以让自己的孩子变得更加有教养，行为举止会变得更加端庄、得体。

有一位职场妈妈，生养了一个很聪明、漂亮的女儿。她一心想要把孩子培养成一个有气质、有修养的人，所以经常会学习和参考别人教育孩子的技巧。一次，她在电视剧里看到这样的一个情节：有一个不满4岁的小女孩，从小就被妈妈训练成很高贵的样子。因为在他们的生活环境里，只有行为举止很优雅，穿着很得体，才能代表自己富硕、高贵的身份。所以小女孩从小就穿着很高贵的衣服，生活在很富裕的环境里，接受着贵族式的训练。于是，这位职场妈妈得出了一个结论：只有让孩子过上富硕的生活，穿着高贵，才能让孩子的表现端庄得体。

从那以后，她拼命地赚钱，想办法把家里装饰得富丽堂皇，给女儿创造最好的物质条件。可是，由于她太拼命工作，经常把女儿托付给保姆照顾，自己很久都不能跟女儿交流一次。等到她有一天终于不忙的时候，把女儿叫到了自己的跟前，才发现女儿的表现跟别人家的女孩丝毫没有差别，身上完全看不出高贵、优雅的气质。

从这个例子当中我们可以看出，这位职场妈妈对孩子的教育其实是走进了一个误区里。她以为孩子的修养是可以用金钱堆出来的，所以才为了工作牺牲了全部的亲子时间，心甘情愿地做着“孩奴”。人，不是一定要住多富丽堂皇的房子，穿特别高级的名牌的衣服，才能够表现出他的高贵和优雅。有些人可能就在家里面坐着木板凳，行为举止也特别的端庄得体，也能体现他的绅士或者优雅；但是有的人，即使是坐在高档纯皮的沙发上，我们也看不出他的教养有多好。

在培养孩子的过程中，妈妈的责任非常重大。我们需要了解孩子的心理，根据孩子的生理和心理特点去教育和培养他，还需要用自己的言行举止去感染他。只有孩子在性格、心理、道德品行、社交礼仪和文化中都表现出了良好的素质，那我们才能说这个孩子是非常有修养的。可是在这些方面的教育中，绝对不是单方面利用金钱就可以实现的。

如果说孩子的形象可以分成两个方面，外在的穿着打扮我们把它看成是“硬件”，而内在的性格、道德品行和礼仪文化是“软件”的话，金钱和物质只能满足“硬件”上的需求，而无法对软件产生任何的影响。而很多职场妈妈由于对教育的错误认知，以为赚回来足够的金钱，就能让孩子在心理满足的状态下得到良好气质的培养，就能自然而然地体现出良好的修养，所以牺牲了大部分的亲子时间，忽略了对孩子“软件”上的教育。

从“孩奴”转向“工作奴”，我们的初衷是培养孩子更高尚的气质，让他变得更加有修养，可是结果往往与我们的想象有所偏差。所以，如果想要提高孩子的修养，就一定要放下金钱至上的观念，不一定非要豪门才能培养出有修养的孩子，只要我们肯对孩子的教育花心思，多注意孩子品行上的培养，那么普通家庭的孩子也一样可以做到有修养。

打骂孩子，一种“高投入低回报”的教育方式

尽管时代不同了，人们对孩子的教育方式也有所改变，但是仍然有很多职场妈妈相信“棍棒底下出孝子”“不打不成材”的教育模式更有作用。

阳阳是一个5岁的小男孩，最近因为感冒，一直没有上幼儿园，等到高烧刚刚退去，着急上班的妈妈就把他送到了幼儿园。可是由于病还没好，阳阳虽然跟着妈妈来上幼儿园了，但是情绪一直都不好。平日里会和老师挥着小手打招呼的他，不是拽着妈妈不让她走，就是哭着喊着要回家，不管哪个老师跟他打招呼他都不理不睬。

该上课的时候，所有的小朋友都进教室了，唯独阳阳赖在外面，死活也不肯走进教室。老师们哄了又哄，他还是非常抗拒。这时候，妈妈的脸面有些挂不住，指着阳阳说：“这么多人哄着你，你还不进教室，你要闹到什么时候？”

面对妈妈的指责，阳阳哇的一声哭了出来。“我不要上课了，我要回家。”

他的哭声引起了很多人的关注，就连原本乖乖坐在教室里的小朋友们也都走出来，想要看个究竟。这时候，阳阳的妈妈有些恼羞成怒，她一把把阳阳拽过来，狠狠地打了几巴掌，阳阳的屁股上瞬间留下了几个红肿的手印。老师们见状，试图把她拉开，但是她一点都不听劝地说：“不用管他，让他哭，哭死拉倒！”老师们后来又安抚了好一会，阳阳妈妈的情绪才逐渐平复下来，而阳阳看见妈妈的脸色逐渐变得和悦，赶紧冲上来抱住妈妈的脖子撒娇。

孩子的心灵非常的单纯，即使刚刚被妈妈暴揍一顿也不会记仇。但是，如果孩子每一次不听话，我们都选择用“打骂”的方式管教，尽管孩子表面上顺从了，心里也会非常的反感。用这种方法，不但不能把孩子教育好，反而会损伤孩子的自尊心，使他们逐渐养成自卑、胆小、孤僻、撒谎等不正常的性格。

有一次，老师在课堂上让每一个小朋友画一幅画，画里面要有自己的家，要体现爸爸妈妈回家以后一家人在一起温暖的样子。有一个叫默默的小朋友很快就画完了，她的家非常的漂亮，白白的房子，绿绿的树，爸爸妈妈也都在家里坐在餐桌前等着吃饭。可是，这么安乐、祥和的画面里，居然掩埋着六颗炸弹。

老师：“为什么要画炸弹呢?”

默默：“因为妈妈总打我，她要是再打我，我就用炸弹炸她。”

这是一个多么可怕的事情啊！一个不满4岁的孩子，对妈妈的恨意却已经这么明显，可见这种“打骂”式的教育，并不能从根本上解决问题，反而会引起孩子的怨恨、逆反、畏惧等心理。“打骂”的结果，只会让孩子与妈妈之间的亲情日益淡漠，隔阂越来越深，个别的孩子可能会像默默一样，将一种想要报复的心理一直埋藏于心里，随时有可能出现问题。

既然“打骂”式的教育方式存在这么多弊端，为什么还有那么多职场妈妈热衷于这种方法呢？概括起来有以下几个原因：

第一，受传统教育观念的影响。很多职场妈妈都相信，“打是疼，骂是爱，不打不骂是祸害”，她们会受到传统观念的影响，觉得孩子就应该听妈妈的，如果不顺从，就应该有惩罚。在这些妈妈的头脑当中，完全没有尊重孩子、与孩子平等相处的概念，所以只要孩子不听话，违背了她的意思，她就会想要去惩罚。

第二，受原生家庭的影响。有些职场妈妈是因为自己小时候常常被父母打骂，所以在对待自己孩子的时候，很自然地继承了这种教育模式。尽管自己也知道这种方式是不对的，也深深记得自己过去对父母的反抗和畏惧，但是就是控制不住自己，每一次脾气一上来，巴掌很自然地就落在了孩子的屁股上。

第三，把孩子当成发泄情绪的“出气筒”。职场妈妈既要顾及工作，又要照顾孩子，身心会很疲惫。她们会希望孩子在最短的时间能够把所有的事情做好，但是又懒得思考用什么样的方式来管教孩子比较恰当，所以就选择了“打骂”这种最直接的方式。

可是“打骂”孩子是一种“高投入低回报”的教育方式，妈妈寄托在这种方式上的期望越大，到最后获得的失望越多。因为通常情况下，我们不经意间挥起的巴掌和拳头，很可能会摧毁一个孩子的自信和快乐，我们无意间大声的呵斥，只会让孩子变得更内向、胆小。所以打骂孩子的结果经常会事与愿违，影响到孩子的健康成长。职场妈妈必须拒绝以打施教的教育方式，对孩子循循善诱，以理服人，给孩子的成长创造一个良好的环境。

追求完美，抓住孩子的小缺点不放

有一位职场妈妈是“网络控”，经常在网上爆料自己孩子的缺点：

帖1：

这孩子特别喜欢给别人脱鞋。每一次家里来客人，他也不管人家愿意不愿意，一定要抢着给人家脱鞋。还特别喜欢把自己不喜欢的东西强塞给别人，比如说吃饭的时候，他不喜欢吃胡萝卜，就把所有的胡萝卜都挑出来，放在客人的碗里，还一定要看着客人吃完他才肯罢休，不然就又哭又闹的，我说他他也不听。有时候我气急了，都想揍他一顿，真不知道他在哪学来的这些坏毛病。

帖2：

我家小宝情绪特别不稳定，前一秒钟还好好的，见谁都笑，后一秒钟都弄不清楚是什么情况，就又哭又闹的。心情好的时候，见到熟悉的人，离着很远都会大声打招呼，心情不好的时候，怎么让他打招呼都不说话。有时候还会动手打人，趁着别人不注意，上去就是一巴掌。我抱着他，有时候都觉得特别过意不去，孩子可真是，永远都不知道顾及大人的面子。

帖3：

我出去上班或者去买菜，从来都不敢告诉他，都得偷偷地走。如果让他发现了，他就会把我的包藏起来，或者拽着我的手不放开，哭哭啼啼闹个没完。等我回家以后，他也不让我抱他，还一直打我，边哭边说："你是个坏妈妈，都不要我了，我不要你抱。"弄得我都不知道应该怎么对他，抱他他死命挣扎，不抱他还一直哭，小孩子就是麻烦。

帖4：

也不知道什么时候养成的毛病，以前想上厕所的时候还会喊妈妈，现在生病了，连喊都不喊，晚上直接就尿在床上了。我晚上起来给他盖被子，发现床是湿的，才知道他尿了。我把孩子抱起来，把被褥都换成了干的，可是第二天早上我发现他又尿了。在这之前，我叮嘱过他无数遍了，上厕所要喊妈妈，不要在床上大小便，可是他就是不听。

这孩子一点都不懂事，缺点还这么多，我都不知道应该怎么面对他，你们有什么好的方法吗？

有的网友很热心，纷纷帮忙支招，但是当他们知道这个孩子不过一岁半的时候，他们都笑了，说："这么小的孩子，有这些毛病都不算什么的。平常，连我们这些大人都做不到十全十美，怎么能要求一个孩子能够做到完美无缺呢？"

是的，孩子在每个年龄段都会暴露出一些缺点和不足，但是这都是成长的必经阶段，是很阶段性的、暂时性的。等到孩子经过了这一阶段以后，很多问题就会自然地消失。

这位职场妈妈一直在抱怨自己的孩子缺点太多，可是一个只有一岁半的孩子，还不能完全理解大人的意图，也不能做到很懂事，能够自理，所以会有这些缺点都是情有可原的。在这个年龄段，如果他显得特别的懂事，什么事情都能做好，像一个"小大人"一样，那才叫可怕呢！

不可否认，每一位妈妈都会希望自己的孩子在完美中逐渐成长，希望他能够体会妈妈的心境，做妈妈希望他做的事情。可是如果妈妈总是抓住孩子的缺点不放，孩子会从妈妈的态度和眼神里读到一种消极的讯息，觉得在妈妈的眼里自己什么都做不好，永远都得不到妈妈的肯定，孩子的心里会缺乏安全感和自我存在感。

如果孩子大一点，他会开始变得对自己不满意，无论是做什么事情，总觉得自己不如别人，会希望通过一些途径来证明自己。但是孩子的辨别能力是有限的，在证明自己的时候经常会用错方法，比如会跟其他的孩子打架，做更多的破坏等等。

其实在面对生活的时候，大人们都很难做到完美，包括我们自身，都会存在很多的缺点和不足，我们又怎么可以要求还不是很懂得人情世故的孩子事事做得完美呢？所以，放下你的完美观，放过孩子的一些小缺点，只要孩子成长的大方向是正确的，只要在日常生活中妈妈能够时刻关注孩子，做到心里有数不糊涂，其他的都让孩子随着自然发展，也许会是一种更好的选择。

盲目地比较，只会误了孩子

职场妈妈经常会把工作中争强好胜的作风带到家里来，她们会跟别人比生活条件、比老公甚至比孩子。

孩子刚学会一首儿歌，很兴奋地唱给妈妈听，可是妈妈说："这有什么好骄傲的？隔壁的琳琳，几个月之前就已经会背《三字经》了，你背了快一个月了，还不能完全背下来呢。"

孩子兴致勃勃地画完了一幅画，拿给妈妈看时，妈妈却说："你们班那个小明，钢笔字写得多漂亮啊，可是你看看你的字。每天都用大把的时间画画，还不如练练字呢。"

当妈妈看到自己的孩子不如别人时，总是希望通过跟别的孩子比较的方式让孩子看到自己的不足。可是，如果我们想刺激孩子的竞争意识，让他在比较中逐渐完善自己，达到妈妈眼中“好孩子”的程度，那就大错特错了。

因为比较本身没有错，错的是比较的方式。

很多时候我们对孩子的比较是不科学的、不客观的，家长总是习惯于拿自己孩子的劣势跟其他孩子的优势比较，总是在寻找孩子身上的不足，从而掩盖了孩子本身的优势，这种比较本身就是没有任何实际意义的。而且在家长的影响下，孩子很容易对自己失去信心，他会觉得自己满身是缺点，而没有任何的优点。这种消极的认识，会很不利于孩子的成长。所以我们不应该总是拿自己的孩子跟其他的孩子做横向比，而应该多从孩子的自身成长变化出发，多为孩子做纵向比，让他看到自己在成长中的进步，他才能有自信做得更好。

那么，怎么样才能做到对孩子客观的、纵向的比较呢？

首先，我们要了解孩子在不同成长期应该掌握哪些能力。

孩子每一个成长阶段，正常的心理和生理的发育指标都是不同的。对应的指标能否顺利达到，差距在哪里，原因是什么，是我们最应该注意的地方。比如说，孩子3岁左右，会逐渐进入美术、音乐等方面的敏感期，也会对符号产生兴趣。这里所说的符号，包括数字、英文字母、音符等很多具体而又抽象的概念。因为这类信息的吸收和处理，对孩子上学以后理科科目的学习会有一定的影响，所以很多职场妈妈就会想让孩子过早地接触并且掌握。但是一方面由于孩子的成长进程有快有慢，发育系统进化的速度也不尽相同，所以已经进入了敏感期的孩子就能够很快地学习和掌握，但是相对还没有进入敏感期的孩子，还不能完全了解符号的意义，这时候教他们数学、英语是没有任何意义的。

不了解孩子的成长期进入了哪一个阶段，而盲目地去和别人的孩子进行比较，强迫自己的孩子也要达成相同的教育效果，是很多职场妈妈都会犯的毛病。所以，我们经常会发现，尽管孩子一遍又一遍地背口诀、学算术，可是他的掌握程度并不理想。在这样的情况下，很可能是孩子的发育还没有到可以接受这些知识的程度。这样的情况下，即使我们再怎么拿他做横向的比较，刺激他上进，也是于事无补的。

其次，要能看到孩子的进步。

成长过程中的孩子，每一天都会不一样。比如，他昨天画了一幅画，上面只有简单的线条，但是今天他发现了色彩的秘密，知道了怎么样去给自己的画着色，这就是一种进步。作为家长，要懂得发现孩子的进步，并且要给予孩子适当的鼓励和表扬，而不能只抓住孩子的弱项，望其他孩子的强项而兴叹。因为孩子是非常敏感的，如果他感觉到自己不管做什么事情，都不能让爸爸妈妈满足，都不能让爸爸妈妈感觉到快乐的话，他会有一种强烈的自我否定，觉得自己的存在只会成为抱怨和忧伤，他会因此而产生强烈的愧疚感，找不到自己的价值。

所以我们在培养孩子的时候，一定要有一双慧眼，客观地认识孩子，多关注孩子自身的进步，而不要把眼光总投放在他的弱项、别人的强项上。我们要真正了解孩子所处的成长阶段应该到达的水平，有针对性地培养，才能帮助孩子健康地成长。

物质不能满足孩子的内在需要

职场妈妈有一个通病，就是喜欢用钱和物质去补偿孩子。既然她没有办法在上班的时候陪孩子，没有更多的时间陪孩子做游戏、学习，那她就会在孩子吃、穿、用等方面给他最好的。可是，如果职场妈妈经常用钱和物质来满足孩子的时候，长此以往，就会养成一种习惯，觉得钱是可以解决一切问题的，包括亲子关系的建立、对孩子的关心等等。所以我们经常会在生活中听到职场妈妈这样训斥孩子：

“我什么都是给你最好的，你吃的、穿的、用的，哪一样比别人差？

为什么你还这么不懂事？妈妈对你的心都白费了！”

“你要什么我给你什么，就是你没要的，我也都给你准备得好好的，一样都不缺。难道我还不够爱你吗？你还想怎么样？”

妈妈们可能始终都不理解，自己付出了那么多，为什么孩子还总不领情，觉得对他关心不够呢？因为物质上的满足不能替代孩子内心里对爱的渴望，对与妈妈情感交流的渴求，所以即使是职场妈妈给孩子提供了很富裕的生活条件，每一样东西都给孩子最好的，孩子的内心仍然会觉得跟妈妈很疏离，想要得到妈妈更多的关注和爱护。

有一个叫程程的小朋友，每天在上学的路上都会买一大堆东西带到学校，那些东西很多都是没用的，但是他每天都要买，乐此不疲。有一次老师忍不住问他说：“你为什么每天都要买这么多东西呢？也用不完，不是一种浪费吗？”程程回答说：“我妈妈很忙，每一次都只有在我想买东西的时候，她才会停下她的事情听我要什么。我想买的东西越多，能跟她说话的时间就越长。我想跟妈妈说话，所以只好不停地要东西、买东西。”

由于工作的关系，职场妈妈总以为要赚更多的钱，给孩子留下更多的财富才算是对得起孩子。所以她们会甘愿牺牲很多亲子时间，把所有的精力都留给了工作。可是，妈妈如果这样做，孩子会觉得在妈妈的眼里只有“钱”，“钱”才是她心目当中最重要的，而自己在她心里一点都不重要，有可能还成了她的包袱。孩子的想法会变得越来越偏激，跟妈妈之间的关系也会越来越僵化。而且，物质上的满足很容易变成一种放纵，可能会导致孩子在物质方面无限制的需求，见什么要什么，要什么买什么，买回来也没有用。

其实孩子对物质的需求特别简单，他们不懂得比较，也不懂得享受奢华。他们索要物质，其实就是在表达一种内在的需求。当孩子不断要买这个买那个的时候，他们其实是希望通过这种行为来换取妈妈更多的关注，他们想证明的是：妈妈到底爱不爱我，是不是对我的想法和需求有所注意。但是如果妈妈的注意力完全不在孩子的身上，孩子会变得很失望，甚至产生自卑，觉得自己的存在没有价值，得不到妈妈的爱等消极情绪。有一些孩子会出现厌世的情绪，也是因为在家长这里得不到应有的关心造成的。

可见，只重视孩子物质上的需求，而不顾及孩子的内心，是一种非常不健康的养育方式。

在生活中我们经常会见到很多职场妈妈，她们在事业上是成功者，金钱、权力都有了，家里的生活水平也到了一个别人可望不可即的高度，但是她们的生活品质并没有得到很好的提高，幸福感和快乐感也没有增加，反而会觉得每天都筋疲力尽的，跟周围的人也很疏离，就是因为她们太过于注重物质了，忽略了自己内心的感受，也忽略了别人的感受。

真正的快乐往往来自于内心的满足，而不是物质，所以职场妈妈更应该尝试着读懂孩子内心的感受，给他更多的精神呵护，跟他做更多的情感交流，而不是把自己对孩子的爱仅限于对他物质上的满足。

以孩子的眼光回顾自身行为

世上没有两片相同的树叶，也不会有两个完全相同的人。

即使是面对相同的事物，由于我们自身所受到的局限，立场和视角的不同，所产生的理解和看法也会不尽相同，有时双方甚至有可能得出完全相反的结论。

孩子：妈妈，你看，这个瓶子的形状好特别哦，我好喜欢。

妈妈：别捡，别人扔掉的东西就是垃圾，会很脏。

孩子：妈妈，这是水晶石吗？好漂亮哦！

妈妈：不过是一颗玻璃球，有什么大惊小怪的。

你看，即使是血脉相承的妈妈和孩子，看事物的差别也会明显存在，也就是说，孩子虽然是妈妈怀胎十月分娩出来的骨肉，但是他们的想法并不一定和妈妈完全保持一致。面对同样的事物，所作出的判断也可能会完全不同。那是因为我们在看待问题的时候，所持的观点会倾向于自身的意愿，我们会希望事物发展的方向是朝着我们所期望的，但是每个人对世界的期望不同，最终作出的判断就会出现偏差。因此，在某些孩子眼中的“宝物”，在父母的眼里就变成了“废物”。

爱有很多种表现方式，每一个妈妈在养育和教育孩子的时候，都会选择一种自己以为最好的方式，但是妈妈以为好的方法，并不一定是适合孩子的。比如说，有些孩子天性是非常自卑的，习惯于躲在角落里，不愿意跟其他的人交流，如果妈妈以为用很强势的方法，对他进行很强制的管教，就能改变孩子的毛病，这就错了。这样的孩子可能是因为长久得不到家长的肯定，自己的真实感受经常被忽视造成的，孩子本身已经对家长的爱产生怀疑了，如果妈妈不能耐心地给孩子正确的引导，让他逐渐恢复对自己的信心，那么他的这种悲观情绪可能会带一辈子；有些离异的家庭，妈妈宁可自己忍受着委屈，遭受孩子的误解，也不肯告诉孩子真相。妈妈以为这是对孩子的最好的爱，因为不想他活在残酷的现实中，可这是对孩子极大的不信任，孩子会很不情愿活在妈妈给设定的人生里……

所以，有时候我们所想的，给孩子提供的，并不一定是孩子最想要的。尽管孩子要在我们的庇护之下成长，但是不恰当的爱，只会成为他们成长过程中的绊脚石，会给孩子带来很大的压力。

虽然在妈妈看来，自己是在设身处地地为孩子着想，但被迫接受这种爱的孩子，如同被强迫在自己的心口刺上一把匕首一样，会在自己的内心留下永远都无法痊愈的创伤。所以，如果我们是真心的疼爱孩子，就一定要学会站在孩子的立场上，以孩子的眼光来回顾自身的行为。

首先，我们要常常问自己，我们所给予的，是孩子真正需要的吗？

有一个叫许诺的小朋友，非常喜欢画画。可是他每一次都只用黄色的水彩笔，其他颜色的笔动也不动。妈妈发现了，就特意把黄色的水彩笔藏起来，让许诺用其他颜色的彩笔画。可是，没有几次，许诺就失去了对画画的兴趣。有一次妈妈问他："最近怎么都不见你画画？"许诺回答说："我们老师说，黄色是太阳的颜色，是这世界上最温暖的颜色，我想要把我的温暖送给别人，所以每次都用黄色的画笔画画，可是我最近都找不到那支笔，我的温暖传递不出去，就没有画画的必要了。"

在对孩子的教育上，很多妈妈像许诺的妈妈一样，会带有自己的主观想法，觉得只会用一种画笔画画，就是不利于孩子的发展。但是很多时候我们的擅作主张，只会抹杀孩子的兴致。

其次，我们现在的作为是不是单从自身的角度出发，而没有考虑到孩子的立场呢？

作为一个职场妈妈，既要顾及到家庭，又要忙于事业，张敏经常感到很疲惫，可是老公特别不理解她，还经常责怪她这里没做好，那里又有哪些不足等等，为此他们两个总吵架，每一次发生争吵，都会波及孩子。张敏跟老公打冷战，也不让孩子跟他说话。有一次，她跟孩子在街上遇到了老公，牵着孩子扭头就走，孩子想跟爸爸打招呼，她也不让。可是孩子反过来问她说："妈妈，是你跟爸爸吵架，为什么每一次都带上我？如果我见到自己的爸爸都不能打招呼，别人会说我是个很不懂事的孩子，我自己也会很伤心的。"

孩子虽然小，但也有属于他自己的立场。如果我们因为自己的情绪就处处钳制孩子，那孩子会觉得很压抑。虽然我们的出发点都是为了孩子，但是在我们自以为很完美地向他们表达爱意的时候，肯定会有一些孩子的情绪被我们忽略掉了。所以我们应该多做观察，借鉴孩子的情绪反应来考量我们爱的行为是否恰当，更应该时常变换角色，以孩子的眼光来反省自身，这样才能给孩子更好的爱，让他能够更健康地成长。

不要以爱的名义伤害孩子

一对热恋中的青年男女，在街边发生了争吵。

女生："我会这么做，都是为了你啊！我希望我们能有一个很好的将来，能够过得很幸福。我做的这些，都是因为我爱你！"

男生："求求你！别再为了我了，你知不知道你对我的爱，差点让我窒息？我求求你不要再用你的方式来爱我，你这种爱只会让我觉得很痛苦……"

爱情里有很多学问，可是很多人都会用"因为我太爱你了"这顶帽子来压制对方，并以此合理化自己的许多非理性的行为。比如：因为我太爱你了，所以我必须时时刻刻都能看到你；因为我太爱你了，所以你不能辜负我的期望，你必须按照我的要求去做；因为我太爱你了，所以我不能容忍你的注意力分散给别人……其实很多时候，我们对孩子的爱也会像对待恋人一样，充满占有欲而且非常的不理性。不同的是，恋人之间如果发生了矛盾，两个人可以很平等地协商、交流，如果实在沟通不了，受不了的那一方可以拂袖而去，从此结束这段令人痛苦的关系。但是孩子永远没有办法跟妈妈很平等地去谈，更不可能在被爱得几乎窒息的时候，拂袖而去，从此离开妈妈。

孩子还小，找不到更好的解决办法，就会把所有的委屈和不满都积压在心里，长此以往，孩子要么形成悲观、被压制的性格，要么就会因为长久的积怨而爆发，产生叛逆、反抗的心理。所以，职场妈妈们应该在这种弊病百出的互动方式产生更坏的影响之前，防患于未然，不要以爱的名义伤害孩子。

那么，什么样的爱会给孩子带来压力，让孩子无法承受呢？

1. 以爱的名义实行占有

有些妈妈觉得孩子就是“属于”自己的，所以她可以对孩子做任何事情。如果孩子大一点，上了小学或者初中，妈妈可能会偷看他的信件或者其他一些涉及到隐私的东西。孩子小的时候，妈妈会随便翻看孩子的玩具，阻止他跟哪些小朋友在一起、做什么游戏等等。有一些家庭是离异的，或者父母的关系互动不是很好，妈妈会妨碍孩子跟父亲之间建立良好的互动关系，而希望孩子的注意力全部都集中在她一个人身上。表面上妈妈是为了防止孩子受到伤害，其实是妈妈自身的不安全感，导致对孩子产生了很强的占有欲。

2. 以爱的名义实行要挟

有些妈妈明明已经累得不行了，可能都累出病来了，还是不肯休息，嘴里还念念有词地对孩子说：“孩子，为了你，妈妈就算是累死、病死也心甘情愿，只要你能……”听着这些话，孩子很小的时候就会觉得对妈妈有所亏欠，自己的存在就是妈妈的一种负担，会让他觉得自己是一个很坏的孩子，从而不断地否定自己，甚至折磨自己。年龄稍微大一点，了解了妈妈的苦，孩子心里的压力会更大。妈妈舍不得吃，舍不得穿，为自己付出那么多，自己如果不为了妈妈做些什么，或者不按照妈妈的想法生活，恐怕也太不懂事、太不孝顺了，所以背负着这种爱的孩子，往往会更容易迷失自己，或者会因为压力过大而产生更多负面的影响。

3. 以爱的名义实行控制

“妈妈不让你做这件事情，完全都是为了你好!”“妈妈给你准备了这些吃的东西，都是为了你的健康着想!”“妈妈这么做，是因为妈妈爱你呀!”什么时候，妈妈都是“为了你”。因为是“为了你”，所以孩子必须要接受他不喜欢的事情，因为是“爱你”，所以孩子必须要心甘情愿地接受妈妈的控制。但是孩子是有思想的，尽管在他小的时候，辨别是非的能力还不够，但是他的心里是知道自己喜欢什么、不喜欢什么的。如果强行改变孩子的意志，到最后孩子可能会变成一个严重缺失自我的人，而且在遇到事情的时候，自己会不敢或者不会作决定。

我们在照顾孩子生活或者对孩子进行教育的时候，尽管不可能完全放手，让他凭借自己的感觉成长，但是如果每一件事情都替他作好了决定，每一件事情都要剥夺他的意志，让他按照妈妈的心愿生活，那么最终孩子肯定会失去那份原本就属于他自己的快乐。所以，职场妈妈千万不能给孩子扣上爱的帽子，对他进行完全的控制，而应该在作决定之前，花一点时间、一点耐心去弄清楚孩子的心思，给孩子一点尊重，注意倾听孩子的心声，然后帮助他作好选择。这样的爱才会让孩子健康成长。

根据孩子的道德认知教育孩子

在儿童心理学研究的领域，瑞士心理学家皮亚杰的认知理论独树一帜，对后世产生了深远的影响。他除了帮助人们建构对儿童发展阶段的认知以外，还让我们明白了如何在尊重孩子的基础上，根据孩子的认知和道德发展来适当地拿捏处罚和教诲的分寸。

在他的儿童心理学研究方法中，有两个非常有名的对偶故事：

1. 有一个叫约翰的小男孩，他正在自己的房间里玩耍，这时候，家里人叫他去吃饭，他走进餐厅，但是在门的后面有一把椅子，椅子上有一个放着 15 个杯子的托盘。约翰并不知道门背后有这些东西。他推开门走了进去，结果门撞倒了托盘，15 个杯子都撞碎了。

2. 有一个叫亨利的小男孩。一天，他母亲外出了，他想从碗橱里拿出一些果酱来。可是由于放果酱的地方太高，他的手臂够不着，所以他爬到一把椅子上，伸手去拿。就在他试图取果酱的时候，他碰倒了一个杯子，结果杯子掉到地上打碎了。

为此，皮亚杰提问：

A. 这两个孩子是否感到同样的内疚?

B. 这两个孩子当中，哪一个比较坏? 为什么?

在这个研究测验的基础上，他又提出了两个对偶故事：

1. 有一个名叫露西的女孩，她的妈妈出门去办事，她一个人在家里觉得很无聊，就拿起桌子上的杯子把玩，结果不小心把杯子碰到了地上打碎了。

2. 有一个叫琼斯的小女孩，妈妈同样不在家，可是她觉得最近妈妈为了照顾自己，又有很多工作要做，非常的辛苦，所以她很想帮妈妈做一些家务。她看厨房里的碗筷都没有洗，就动手把碗筷都洗了。可是，就在她准备把洗好的碗筷放到橱柜的时候，手一滑，有一只碗掉到了地上，打碎了。

皮亚杰再一次提问：

A. 这两个孩子的过失是否一样?

B. 这两个孩子之中，哪一个比较坏，为什么?

你们知道这两个故事应该怎样做解答吗?

皮亚杰根据孩子们不同的反应，概括出了儿童在不同时期对道德的认知是不同的。在3~5岁的时候，孩子对道德行为的判断主要是由他自身以外的价值标准所支配，他们的道德判断是根据外在的道德准则(服从或不服从)，只注意行为的客观后果而不关心主观的动机。所以，这个时期的孩子只会比较谁打碎的杯子多，打碎了15个杯子的孩子会比打碎了1个杯子的孩子更加自责。尽管他是无意的，但是他看到的结果就是自己做的坏事的程度更大，造成的损失更大，所以与那个打碎1个杯子的孩子相比，他会觉得自己就是一个坏孩子。

而等到孩子再大一点，进入到自律道德阶段，他们会通过自己内在对道德的认知对自己的行为作出一个适当的判断，而且会开始辨识动机和结果的关系。他们可能不会去比较结果是怎样的，而是会注意到做事情的动机是否正确。也就是说，如果孩子的动机是善意的，是从想要帮助妈妈的角度出发，即使是自己无意做了坏事，也会觉得自己是应该被原谅的。

所以我们在教育孩子的时候，首先要看孩子发展到了哪一个认知阶段，是否能够对道德标准有一个正确的理解。其次还要尊重孩子，给他一个解释的机会，要充分了解他做错事的动机，之后再作出应该如何惩罚或者是教诲的决定。

有些职场妈妈经常会受到工作的影响，情绪变得很急躁，一旦发现孩子做错了事情，也不问是什么原因，直接就对孩子进行一番批评和教育，这非常不利于孩子的身心发展。因为被骂过之后，孩子知道是自己做错了事情，但是他律阶段的孩子会不理解为什么打碎 15 个杯子和打碎 1 个杯子要承受一样的惩罚和被责骂的结果，他会觉得这很不公平，从而对妈妈产生意见。而自律时期的孩子，会觉得自己是出于好意，想要做好事，但是妈妈没有了解情况就责骂他，很可能会从此扼杀孩子善良的品质，使他的心里出现道德观的扭曲。所以，我们在教育孩子的时候，一定要做到尊重孩子，正确判断孩子的动机，并且保证教育孩子的方式不会伤害到孩子的尊严。

第四章　亲子时间少，提升爱的质量

这是一张亲子关系自我测评表。请根据问题所描述的符合度，在每个问题前面相应的方框里打“√”，先由父母作答，并计分，再由孩子作答，然后比较两者之间的差异。

1. 不管我的生活和工作有多忙碌，每天我都会留一些时间给孩子。

□ 很不符合　□ 不符合　□ 尚符合　□ 符合

2. 我跟孩子在一起时，心情一直保持愉快的状态。

□ 很不符合　□ 不符合　□ 尚符合　□ 符合

3. 我了解孩子内心的喜好和憎恶。

□ 很不符合　□ 不符合　□ 尚符合　□ 符合

4. 和孩子对话时，我很少用命令的口吻，始终保持跟孩子平等的姿态，尊重孩子。

□ 很不符合　□ 不符合　□ 尚符合　□ 符合

5. 我认为孩子是有能力自己解决和面对问题的，所以我更愿意孩子能够独立。

□ 很不符合　□ 不符合　□ 尚符合　□ 符合

6. 我觉得孩子犯错和惹麻烦是成长必经的过程，所以我更愿意以宽容的心态面对孩子。

□ 很不符合　□ 不符合　□ 尚符合　□ 符合

7. 我觉得只要孩子开心，成绩好不好无所谓。

□ 很不符合　□ 不符合　□ 尚符合　□ 符合

8. 孩子说话时，我能耐心地听完。

□ 很不符合　□ 不符合　□ 尚符合　□ 符合

9. 我和孩子经常会亲密接触，比如抚摸他的头．轻拍他的肩膀，给他一个拥抱等等。

□ 很不符合　□ 不符合　□ 尚符合　□ 符合

10. 即使孩子犯了错误，我也不认为他因此就变成了坏孩子。

□ 很不符合　□ 不符合　□ 尚符合　□ 符合

11. 我跟孩子意见不统一时，能尊重孩子的意见。

□ 很不符合　□ 不符合　□ 尚符合　□ 符合

12. 我经常给自己和孩子很宽裕的时间，避免督促孩子，给孩子压迫感。

□ 很不符合　□ 不符合　□ 尚符合　□ 符合

13. 我要求孩子做的事情，我自己都能做到。

□ 很不符合　□ 不符合　□ 尚符合　□ 符合

14. 不论孩子发生什么事情，我都能以孩子的立场，分享孩子内心的感受。

□ 很不符合　□ 不符合　□ 尚符合　□ 符合

15. 我满意目前孩子和家庭的状况。

□ 很不符合　□ 不符合　□ 尚符合　□ 符合

计分：将所选数字全部加起来，即为本测评表的得分。

应用原则：

1. 做完测试后，请安排一个温馨的情境，跟孩子一起讨论和分享。特别是你和孩子的答案不一样的地方，尤其要注意，可以互相坦诚讨论并作出调整，使亲子关系更加和睦。

2. 若总分在45分以下，表示你们的亲子关系已经有了危机，需要马上进行调整；若总分在45分以上，证明你们的亲子关系良好，希望能够继续保持。

亲子关系，从关注孩子的情绪变化入手

在商场、游乐园或者街心公园里，你一定看到过这样一幕：一个恼羞成怒、气急败坏的妈妈站在电梯里，对着电梯外正在放声大哭的不足3岁的孩子说："你哭，你再哭！你要是这么不听话，我就自己一个人回家，把你扔在这！"于是，孩子一脸茫然，既恐慌又有些无助，在一旁的妈妈也显得特别无奈和挫败。

在孩子无理取闹时，职场妈妈经常会有一种无力感和挫败感。这种挫败，不是单纯的对于一件事情做不好而产生的一种失望，而是掺杂了很多对孩子不服管教的担忧、对孩子如此不成材的焦虑，又觉得自己已经很努力地去跟孩子沟通，但是丝毫不懂得他想要什么的一种无奈。所以，当孩子做出一些反常的行为，表现出一些与平时不一样的情绪变化时，我们几近崩溃的情绪就淹没了理智，口不择言地说出了很多伤害孩子的话。但是，在我们表现焦虑发脾气的时候，常常是忽略了孩子的情绪变化和他内在的心里需求的。

很多时候，孩子并不是无缘无故地发生情绪变化，他们的反常行为常常是因为不懂得怎样表达自己的实际需求，而产生的一种焦躁不安的情绪。在与妈妈交流的过程中，妈妈又不能很好地理解自己的意思，他们就会变得越来越着急，行为也会越来越反常。

有一个小女孩名叫月月，今年三四岁的模样，长得很乖巧，也很懂事。平时，妈妈在厨房做饭的时候，月月总是一个人乖乖地待在客厅里

玩着洋娃娃。每隔几分钟，妈妈会从厨房探出头来，看她是否安好。当她发现月月一个人玩得很好的时候，就放心地继续回到厨房做自己的事情。过一阵子，妈妈再次探出头来确认小女孩是否无恙，如果月月还在乖乖地玩耍，那么妈妈从厨房探出头来的间隔就会拉长一些。

可是，如果月月在玩耍的时候不小心撞翻了椅子，妈妈听到咣当一声，由于担心孩子，马上从厨房里冲出来，检查孩子是否受伤。这时，月月心里明白了，只要自己撞翻了椅子，妈妈就会因为紧张自己而放下手里的活，跟自己有短暂的亲近。于是，在她幼小的心灵里形成了这样的逻辑：只要我撞翻椅子，就能看到妈妈。后来，小女孩学会了刻意将椅子掀翻，并且制造出很大的声音，以吸引妈妈的注意。

当椅子被掀翻多次的时候，妈妈发现了月月的异常。她对小女孩的行为非常生气，责怪她不懂事，每次都是在大人忙的时候胡闹。可是她从来都没有注意到，月月在出现行为异常之前的一系列情绪变化，她其实是在跟妈妈撒娇，希望妈妈能够多陪陪自己。所以，如果妈妈注意到了孩子情绪上的变化，她的感受、注意力和情绪就会大大的不同，就会比较理智地处理这个问题，而不是动不动就责怪孩子。因为我们在责怪孩子的时候，孩子往往从我们的情绪里读到了一种拒绝，在没有安全感的驱使下，他们有可能会变本加厉，希望用更多异常的方式来吸引妈妈的注意，于是妈妈会越来越不理解孩子的行为，与孩子之间的误会也就越来越深。可是，如果妈妈注意到孩子的情绪变化，在他需要的时候，能够放下手里的活，陪孩子一会儿，满足他的情感需求，那么他掀翻椅子的诱因将会减弱，从而会使他渐渐忘记这种行为。

所以，在遇到孩子不听话、表现异常时，不要忽视他们的情绪变化。要尽量地想着宝宝其实不是在故意捣乱，而是心理上有其他的需求，只是没有办法很好地表达出来。我们只有重视孩子的情绪变化，才能让自己的心柔软下来，用无尽包容的母爱去理解和满足他们的情绪需求，从而让他们的情绪逐渐回归稳定。

善于倾听，与孩子进行有效沟通

有一次，美国知名主持人林克莱特访问一名小朋友，问他说："你长大了想做什么?"小朋友天真地回答说："我想要驾驶飞机，做一名飞行员。""如果有一天，你驾驶的飞机在空中突然熄火了，你会怎么办?"小朋友想了想说："我会告诉飞机上的人绑好安全带，然后我自己先挂上降落伞跳下去。"在场的观众都笑得东倒西歪，他们一方面为这个孩子敢说实话喝彩，一方面为这么小的孩子却有这么自私的心而感到担忧。可是林克莱特注视着这个孩子，觉得他好像有什么话还没有说完，就问他说："为什么你要这么做?"他的答案透露了一个孩子最真挚的想法："我要去拿燃料，然后再回来。"

虽然由于知识和经验的限制，这位小朋友的想法违背了常理，而且不具有任何的可行性，但它背后折射出来的那颗善良的心是非常可贵的。幸好林克莱特有注意到孩子的表情，继续问了一个问题，我们才得以看到这个孩子的真诚，否则在场的观众一定会对他充满误解。可见，倾听是一件非常重要的事情，懂得倾听，才能更了解一个人的真心。

可是很多职场妈妈都急着教导孩子，每次见到孩子就一直说一直说，唯恐他会犯错或者受到伤害。但其实很多时候，孩子更需要妈妈的聆听。因为只有妈妈懂得倾听，孩子才愿意放心地、诚实地说出自己的心里话，我们也才能知道孩子那小小的脑袋瓜里都在想什么东西，也只有这样，才更有利于我们的亲子沟通。那么，怎么样倾听，才能让孩子放心地与我们做心灵上的交流呢?

首先，要听懂孩子的意思，做有效沟通。

很多时候，在听的过程中，孩子在对面讲，我们也摆出了一个姿势在听，但是孩子说什么了，希望达成一个什么样的目的，我们不知道，这其实就是一个无效沟通。

妈妈想要带着孩子一起出门买东西，可是孩子想留在家里，就跟妈妈说："我不想出去，奶奶打电话过来说，一会过来看我，我要在家里等奶奶。"妈妈听了，马上表示反对，说一定要跟她出去。孩子就再三重复说："我要等奶奶，我已经很久没见奶奶了，我不想让她来了之后等我，应该是我在家里等她。"妈妈听了，一边点头，一边给孩子找外出的衣服，还在替他做着各种出门的准备……

从这个例子当中我们就可以看到，这位妈妈其实根本就没听清楚孩子在说什么。当孩子说话的时候，她只摆出了一个听的姿态，可是孩子说的话她一句都没听进去，心里只想着她想要的结果，那就是一定要带着孩子一起出门。所以，倾听是一种特别重要的技巧，需要我们用心去学习。不是单纯地出一只耳朵，做出听孩子说话的姿态，而是要能够听懂孩子的意思，跟孩子做有效沟通。

其次，倾听要专注，不能敷衍。

5 岁的小美兴奋地从房间里跑出来："妈妈，妈妈，你看，这是我自己给洋娃娃做的衣服，漂亮吗?"

妈妈从厨房微微露出脸，快速地扫了一眼，然后回过头去继续忙着她手里的活儿："真漂亮，我们家宝贝最能干了，能做出这么漂亮的衣服!"

小美继续骄傲地说："妈妈，你看，我特意做了一件薄薄的、长长的裙子，娃娃穿上它，就会像仙女一样哦。"

妈妈仍然还忙手里的活儿，完全没有停下来的意思："嗯，很好看。"

小美觉察到了妈妈的不在意，撅着嘴说："妈妈，你根本就没有听我说话，就敷衍我!"然后很生气地跑开了。

相信这样的场景，很多职场妈妈都见过。别以为孩子小，我们就可以漫不经心地听他说话，那只会让孩子不再愿意跟你沟通和交流，推远你和孩子之间的距离。所以，要想学会倾听，一定要用心倾听，不能敷衍孩子。

第三，可以利用亲密的肢体接触，拉近和孩子之间的距离。

弯下腰来、抱着孩子、看着他的眼睛、拉着他的小手、搂着他的肩膀、抚摸他的头发……这样听孩子说话，会给他一种很安心的感觉。大多数孩子都喜欢跟妈妈有肢体上的亲密接触，他们会更直接、更充分地感受到妈妈的爱意。可是如果妈妈不愿意给他碰触，即使用语言表达再多的爱，也会让他们产生一种被忽略的感觉，从而缺失安全感，不愿意跟妈妈做更多的交流。

所以，趁着孩子还小，趁着他还愿意被你拥入怀中，趁着他还愿意把所有的事情都告诉你，多享受一下这美好的时刻，听听孩子的心声。衣服可以明天去洗，工作也不是都要在今天完成，与孩子的亲密关系却可能稍纵即逝。

打开你的心，走进孩子的心

这是一个有趣的现象：

（孩子 5 岁时）

孩子：妈妈，你今天为什么不高兴啊？我看你从下班回来以后就一直没有笑过，你是遇到了什么难题或者有什么不开心的事情吗？

妈妈：宝贝乖，妈妈遇到的都是大人的事情，说了你也不懂，你乖乖地听话，去一边玩去，妈妈还有事情要做。

（孩子 15 岁时）

妈妈：你最近怎么了，能跟妈妈说说吗？今天你们老师打电话说，你最近学习一直都不在状态，整天忧心忡忡的，是遇到了什么烦心事了吗？有什么话，还不能跟妈妈讲啊？

孩子：唉呀，妈，你就别问了，管好你自己得了，很多事情说了你也不懂，我自己能处理。

很多职场妈妈都有这样的困扰，当孩子逐渐长大以后，他们会变得难以沟通，有什么事情宁可放在心里，或者跟同学和朋友讲，也不愿意告诉妈妈。

时常会有职场妈妈讲，孩子小的时候，每天都追着我讲他的事情，我要是因为太忙没时间听他说，他就不高兴，那时候就盼着孩子长大了，懂事了，能不在我忙的时候烦我。可是孩子真的大了，上了初中、高中，他变得什么话都不愿意跟我讲。我这个做妈妈的，竟然不知道孩子的心里都在想些什么。虽然我们也做了一些努力，尽量像个朋友一样跟孩子交谈，可是每一次都无功而返，一点作用都没有。这个时候，我们就需要反过来思考，在孩子小的时候，在他想了解妈妈的生活状态的时候，妈妈是否也向孩子打开了自己的心，我们是否也让孩子走进了我们自己的心里？

可能很多职场妈妈都会说，我为了孩子可以奉献我的全部，我对他的爱是毫无保留的，当然是对孩子敞开心的。可是事实果真如此吗？就好像例子当中的妈妈一样，在孩子关心地询问妈妈的心情时，或者他对妈妈的生活状态产生了疑问的时候，我们经常会指东说西地去回避问题，或者用“说了你也不懂”、“长大了你自然就会明白了”来搪塞。

我们总是以为，孩子还小，很多事情不对他讲，是对孩子的一种保护。因为我们遇到的问题总是特别多，职场竞争又总是很复杂，即使是说了，恐怕孩子幼小的内心也没办法理解和消化。可是，当我们试图对孩子遮遮掩掩的时候，孩子敏感的心其实读到的是妈妈的不坦诚，不能向他敞开心扉，很诚实地面对他，所以孩子会很受伤。

其实孩子从逐渐能分辨出大人的快乐与烦恼的心情时，就有一种想要替大人分忧的本能，他会希望通过自己的力量逗大人开心。当他们进入到幼儿期，能够跟家长进行交流的时候，会更加希望得到妈妈的信任与真诚。如果妈妈不开心，他们会特别想通过自己的力量来为妈妈分担点什么。这时候，职场妈妈其实没有必要藏头遮尾，或者一味地对孩子搪塞。任何的事情都可能从复杂变得简单，如果能够把它简单化一点，形象化一点，讲给孩子听，也未尝不是一个分享的好方法。

每一件事情都有不同的方面，如果我们顾及到孩子的情绪，怕对他们产生不好的影响，那么我们可以先让自己看到事情最积极的一面，然后再将它转述给孩子。其实对待任何的事情，妈妈如果都能用积极的眼光去看待，都可以用积极的口吻去跟孩子描述，那么孩子也会用积极的思维去接受，他看待事物的态度也会变得很积极。

如果我们总是抵制跟孩子做交流，以为用这种方法就能向孩子掩盖住真相，其实是不太现实的。表面上孩子会因为妈妈的拒绝而不再追问，实际上他们在好奇心的驱使下，会很固执地想要找出问题的答案。而一旦他们发现的事实曲解了妈妈掩盖的真相，那么孩子很容易就会对妈妈产生误解。即使是他们了解到了真相，也可能为妈妈的不肯信任、不肯敞开心扉而难过。

我们说，人与人的交流是相互的，跟孩子也是一样的。如果感觉不到妈妈的真诚，始终无法走进妈妈的心里，那么孩子会自动关闭自己的心，不再愿意跟妈妈以诚相待、坦诚交流，也就会出现在以后的日子里，妈妈越是想知道孩子的内心在想什么，孩子越是想闪躲。所以，要想在以后孩子能够跟我们坦诚交流，我们必须要首先向孩子敞开自己的心。

面对孩子提问的时候，要尽量给予积极的、正面的回答。如果遇到了我们也解决不了的难题，就诚实以对，告诉孩子这个问题我们也不是很了解，但是可以跟他一起寻找答案。在与孩子一起去寻找问题真相的过程中，不仅能够培养孩子解决问题的能力，也能让我们的亲子关系变得更亲密，何乐而不为？

爱，从欣赏开始

她是一位善良的妈妈，却有一个很让人头疼的孩子。

孩子的学习一直都不好，还不怎么听话。

第一次去幼儿园开家长会，老师对她说："你的儿子有多动症，在教室里其他小朋友都在安心听课的时候，他总是动来动去的，在板凳上连3分钟都坐不了。你最好带他去找专业的医生看看，这么小的孩子就一堆毛病怎么行？"

回家的路上，儿子问她老师都说了什么。她鼻子一酸，眼泪差点掉了下来。因为全班几十个小朋友，她儿子的表现是最差的，但是她还是告诉孩子说："老师表扬你了，说宝宝原来的时候只能在板凳上坐住一分钟，现在却能在板凳上安静地坐3分钟了。其他的妈妈都很羡慕妈妈，因为全班有几十个小朋友，只有我的孩子进步是最大的。"那天晚上，她儿子破天荒地吃了两碗米饭，而且是自己独立吃完的，没有让妈妈帮任何的忙。

儿子上小学了，家长会上老师说："全班45名同学，你儿子的成绩特别差，这次数学考试还差点垫底，考了倒数第三。"回家的路上，她有些控制不住自己，流下了无助的眼泪。可是当她看到儿子的时候，说："老师说你的表现很好，他对你很有信心。老师说，你并不是一个笨孩子，只要你自己肯努力，超过你同桌是完全没有问题的，这一次你同桌的成绩排在第20名，下一次咱们也努力到这个名次好不好？我们不能让老师失望啊。"说完这话，她发现儿子暗淡的目光一下子变亮了。第二天，他比平时起得都早，收拾了一下就往学校走去了……

初中的时候，又是一次家长会，她在座位上等着老师点自己孩子的名字，因为每一次家长会，老师都会点表现差的学生的名字，可是一直听到最后，老师也没有念到自己孩子的名字。她紧张地走过去问老师，老师告诉她说："你儿子的表现还可以，就是成绩不太稳定，想要考上重点高中恐怕会有一定的难度。"回去的路上，儿子早就在等她了。她微笑着看着儿子说："你真棒，是妈妈的骄傲。老师表扬你了，说你表现很好。还说只要你肯努力，考上重点高中一点都不难。"

高中毕业了，大学录取书下来的时候，孩子去了学校。她有一种预感，儿子一定不会让她失望的，因为在考试以前，她跟儿子说过，她会相信他。儿子从学校里回来，把清华大学的录取通知书交到了妈妈的手里，抱住她说："妈妈，我知道我不是一个聪明的孩子，从小我就问题一堆，周围的人都很怀疑我，不信任我，只有你，一直鼓励我，欣赏我。我很感谢你，妈妈。"这时，她忍了很多年的泪水终于流了下来，打在了手中那张录取通知书上。

在孩子的成长过程中，总会有各种各样的不足。但是职场妈妈要像这位妈妈一样，学会智慧地欣赏孩子，因为只有这样才能给孩子无形的动力，使孩子能够在积极的暗示中自信地快乐地成长。

在心理学中有一个名词叫做期待效应，你内心深处相信一件事，那么它一定会变成现实。如果你内心总把自己的孩子看成是一个特别差劲的孩子，眼里总是只能看到他的缺点，觉得他什么事情都做不好，什么事情都没办法很好地完成，那么他很快就会变成这个样子的。因为你心里想的和你所表现出来的，会传递给孩子的信息就是，在你的认知系统里，他就是这样的人，所以他一定会慢慢朝着这个方向发展，不断地做错事，不断地出现差错，到最后什么事情都做不好、做不了。因为他要符合你对他的期待。

所以，如果你希望你的孩子能够有一个好的发展，就应该学会欣赏他，向他传输正向的、积极的信息。即使他在某些方面表现得不是很好，或者性格里有很多的缺点，也要懂得安慰他、鼓励他，让他在积极的心态下做自我矫正，这样他才会朝着你期望的方向发展。

道歉，让亲子关系变得更好

几乎所有的妈妈都教育自己的孩子要勇于承认自己的错误，不要为自己的错误行为找借口，可是有些妈妈却明知道自己做错了，或者曲解了孩子的本意，对孩子造成了误会，也不愿意在孩子面前承认。她们唯恐在孩子面前低头，就丧失了做家长的威严。可是，这种担忧往往是多余的。如果妈妈在孩子面前能够正面地、果敢地承认错误，或者在对孩子产生误解时主动向孩子道歉，不仅会对孩子起到一个良好的示范作用，也会让亲子关系变得更好。

小雅晚上 9 点多了还没有回家，妈妈到处找她都找不到。小雅回家以后，妈妈很生气地问她去哪了，小雅很平静地跟妈妈解释说，放学以后她去了同学莎莎家写作业，可是莎莎突然肚子疼，她爸爸妈妈都不在家，小雅只好留下来陪她。而且小雅给妈妈打过电话，可是妈妈的手机一直都没有信号，才没有及时通知妈妈。

妈妈把手机拿过来说："你看看，一直都有信号的，肯定是你没打电话，编造的这些谎话。你说去莎莎家了，莎莎家的电话号码是多少？我一定要自己去查证，看你说的是不是实话。"小雅听了妈妈的话，委屈地哭了，她把莎莎家的电话号码给了妈妈，转身跑回了自己的房间。

妈妈给莎莎家打过电话以后，知道了小雅说的话都是实情，反省自己的态度，觉得自己对孩子没有表示足够的信任，就走到小雅的房间，主动跟她说："刚才是妈妈不好，妈妈没有相信你说的话，是妈妈做错了。因为妈妈很担心你，心里很着急，怕你有什么事情，才有些慌了。对不起！"小雅听了妈妈的道歉，马上停止了哭泣，告诉妈妈说以后一定不会这么晚回来，让妈妈担心了。母女俩之间的矛盾就这样化解了。

在现实生活中，妈妈难免会有冤枉孩子、错怪孩子的时候，也很难避免会犯错，如果妈妈从来都不向孩子承认错误，那么孩子就会产生“妈妈虽然很权威但是妈妈总会出错的”观念，时间一长，就会对妈妈产生怀疑，觉得每一次妈妈都是在拿家长的身份在压迫他，而不是用正确的方式去引导他。这样，即使妈妈说的都是正确的话，孩子也可能会把她的教诲抛之脑后。但是，如果妈妈能够及时道歉，主动向孩子承认错误，那么孩子就会从妈妈的身上学到主动道歉并不是一件羞耻的事情，就会在犯了错误以后勇敢地承担自己的责任，主动去承担后果。而且，儿童心理学家认为，家长的威信并非是因为他们完全正确，而是因为他们实事求是、严于律己，进而取信于孩子。所以，当我们做错了事情，伤害了孩子的时候，必须要向孩子道歉。

首先，我们要选择合适的道歉方法。

对于年龄比较小的孩子，妈妈不用讲太多的道理，只要用具体的行动、表情或者语言，让孩子知道妈妈做错了事情，在向他表示歉意就可以了。孩子了解到了妈妈的做法是错误的，就能够吸取教训，避免重蹈覆辙。

对于年龄较大的孩子，妈妈在向他们道歉的时候，一定要说明自己哪里做错了，并且告诉他们原因。这样孩子才能用自己的思维做出辨析，以后避免发生类似的错误。

其次，要注意道歉的态度。

妈妈向孩子道歉，态度很重要。如果妈妈的态度是非常强硬的，或者遮遮掩掩、轻描淡写的，不但不会让亲子关系变好，还可能会引起更多的误会。因为孩子会从妈妈的态度里看出妈妈是否真诚，是否愿意正视自己的错误，如果他们觉得妈妈只是敷衍了事，那这种道歉是没有任何意义的。

我们是要通过道歉的方式，让孩子感觉到自己受到了妈妈的尊重，而不是去应付孩子，所以道歉一定要真心真意、心平气和，而且道歉要有原则，做错的事情要承认，没有做错的事情不能胡乱道歉。不能因为孩子的情绪波动，心疼孩子，就一味地给孩子道歉，也不能为了取悦孩子就没原则地自我批评。这样，妈妈的威信会很容易丧失。

第三，要让孩子明白道歉的原因。

妈妈向孩子道歉要实事求是、就事论事，并且一定要告诉孩子，妈妈是因为什么原因才向他道歉的。要向孩子解释清楚自己做了什么错事，说了什么错话，可能会产生什么样不好的影响。否则，孩子会弄不清楚妈妈为什么会道歉，也就收不到理想的教育效果。

放下控制，邀请孩子合作

这是一则电视广告。

场景一：丈夫在家里看电视，手里拿着遥控器。他的妻子走进了客厅。他问："晚餐我们吃什么？"可是妻子没有回答他，自顾自地说起了她一直想买的那件洋装，没完没了。这时，恼怒的丈夫举起了遥控器，对准妻子按下了按钮，她说话的速度突然加快，丈夫一直按着，直到妻子以最快的速度完成了唠叨，他才松手。

场景二：丈夫拿着高尔夫球的袋子想要偷偷地从后门溜出去。这时，妻子拿着遥控器，对准了丈夫并且按下了按钮，变换成了他的频道。他一下子被控制住，放下了球袋，跑回去洗衣服了。

这个广告的构思反映了我们所有人的心理：想要让别人完全地遵从我们。如果真有这样一款遥控器，一定会非常的畅销，因为我们就可以随意指挥我们的领导、同事、朋友、伴侣，甚至孩子。随便按一个按钮，就可以达成自己的心愿：

"宝贝，乖乖地做功课去。"

“不要玩泥巴！”

“离那些坏孩子远一点！”

“马上上床睡觉！”

“我说话的时候不能顶嘴！”

……

问题是，现实中这种单向控制别人的遥控器根本就不存在，当我们想要对孩子施行控制的时候，其实我们也在被孩子控制。当你让儿子去洗澡的时候，他就是不肯听你的话，你会怎么样？只要他不肯服从你，那么你们之间就可能进入到一场控制与反控制的拉锯战里。

我们通常都会以为，妈妈的观点就应该是正确的，孩子就应该听话，按照妈妈的想法和意图去生活。这种思维会确立我们心中的优越感和权威感，一旦孩子不听话的时候，我们就会提高嗓门怒斥他们。但是在妈妈的控制中反弹的孩子，会变得更不听话，做出更多对妈妈挑衅的行为。所以，如果我们总是抱着想要控制的心态和孩子相处，那么我们很可能会因为孩子的叛逆和反弹而让自己抓狂。随着孩子的逐渐长大，我们会发现，孩子越来越难管，妈妈想让他做什么，他偏不做什么，即使是正确的观点他也不愿意听，只因为那是妈妈说的。

孩子会把跟家长之间的互动变成是一场对抗性的互动，这样孩子与妈妈之间的关系就可能会战火不断，纷争不断。就算是“比较强悍”的妈妈赢了这场战争，那也只会教给孩子赢得目标。孩子会认为，只要有了权力，或者通过武力，就能争得话语权，获得掌控权，所以在以后的人际关系里，他们也会变得很武断、很偏激，甚至很强硬。

即使孩子没有反抗的行为，非常听话，也很难按照妈妈的意愿成长成一个优秀的孩子。因为在强势的控制下，完全听话的孩子只知道一味地服从，从来都不去主动地思考，会变得非常没主见、没主意，遇到什么问题，自己不会动脑去想解决的办法，只会想到向妈妈求助。因为他们会自我怀疑，一旦自己做了，会不会引起妈妈的不高兴，或者妈妈的意愿也许不是这样的，他们的依赖性会越来越强，逐渐发展成为“妈宝”（所谓的“妈宝”，是指“妈妈的宝宝”，即心理始终无法断奶、一直都长不大的孩子）。

所以，我们在与孩子相处的时候，一定要放下对孩子的控制欲，转让你的权力，邀请孩子合作。我们不能强迫孩子顺从我们，而应该给孩子自己作决定的自由和权力，然后尊重他们的选择。为此，我们可以做到以下几点：

第一，营造平等交流的家庭氛围。经常鼓励孩子表达自己的意见和想法，家里发生的事情，适当地跟孩子讲一讲，让他了解情况并且主动征求孩子的意见。有时候孩子给出的意见会很幼稚，但是在给出意见的同时，孩子毕竟是经历了一个思考的过程，所以我们要采纳一些孩子比较好的建议，给予适当的鼓励和支持。

第二，采用“角色互换”增进彼此的理解。亲子之间，如果长期保持在管教与被管教的关系状态里，彼此之间很容易会产生误解，关系也可能会越来越僵化。所以我们可以在培养孩子的时候，让他多参与家庭的管理，也可以跟孩子进行一些“角色互换”的游戏，来增进彼此之间的理解。

第三，与孩子一起思考、讨论。要经常跟孩子交流自己的感受，让孩子产生一种在和妈妈合作的心理。比如我们可以一起交流一下看电视的心得，讨论一下具体的问题怎么解决。在这个过程中，孩子不仅能够感觉到自己得到了尊重，也能学会尊重别人的要求和感受。这样达到的效果，要比单方面的控制要有效得多。

合作关系的基础就是平等。当我们想要控制的时候，其实是把孩子当成了自己的附属品，常常会忽略孩子的感受。但是如果把跟孩子的关系建立在合作的基础上，就能更多地尊重孩子的意见和感受。如果我们希望亲子关系融洽，孩子能够健康顺利地成长，就一定要放下对他们的控制，邀请孩子合作。

调整自己的身体语言

跟孩子交流，他们读到的不是你嘴巴里说出来的信息，而是更看重你的身体语言所散发出来的信息。比如说，孩子哭闹的时候，妈妈在一旁对他说“宝贝，别哭了，你这样哭妈妈会很心疼的。”这种安慰方式，要比妈妈走到他的身边，紧紧抱着他，轻轻地拍着他的背，嘴里不断温柔地对他说：“宝贝，妈妈爱你，别难过了，我们宝贝最乖了”的安慰效果明显要弱。语言表达对孩子再亲切，但是身体不肯靠近他，孩子也会觉得妈妈很疏远，很陌生。

小孩子是非常敏感的，他们永远都是先从身体语言来解读妈妈的内心，而我们作为一个成年人，往往最容易忽略的就是自己的身体语言。

李梦雨是一位高中老师。她有一个4岁的女儿，由于她带的是毕业班，工作一直很忙，所以下班和休息日的时候，她经常主动去找女儿沟通。可是她有一个习惯，说话的时候特别严肃，即使是在跟女儿商量事情或者是做游戏的时候，也是一本正经、不容置疑的模样。女儿跟她在一起的时候，经常会胆战心惊，对妈妈产生了一种恐惧心理，妈妈说什么她都点头答应，或者轻声附和，从来都不敢违逆妈妈的意思。但是李梦雨自己不觉得，她觉得自己的声音那么低柔、那么温柔、那么尊重女儿，凡事都跟她商量着做，从来都没有强迫她的意思，女儿怎么还会怕她，觉得她不是一个亲切的妈妈呢？

这是很多职场妈妈的一个误区，就是我们自己觉得是在跟孩子平等地交流，话语一直很温柔，表现也很亲切，但是我们的表情、我们的身体语言传递出来的是冷漠和疏远。孩子真正读到的不是我们嘴巴里面讲出来的那些词语，而是我们整个人所传递出来的冷漠、疏远的信息。那他肯定不会觉得妈妈是一个很亲近、可以直接跟她交流心事的人，他会很自然地对妈妈产生一种畏惧，或者疏远。所以想要与孩子的关系变得更加亲近，一定要调整我们的身体语言。

首先，要注意自己的身体姿态。

语言是我们大脑想出来的结果，是经过修饰了的，但是身体语言不会。我们的身体会很真实地把我们的内在情绪、内在状态展现出来，一览无遗地告诉孩子。所以要想把自己塑造成一个什么样子的妈妈，只要多照镜子，多看看你自己的眉宇间、面相，那张脸看起来是嘴角向上的时候多还是嘴角向下的时候多，那你就知道了自己是不是一个亲切的人。

其次，要注意跟孩子说话时的距离和角度。

与孩子谈话时，距离和相关角度、位置往往代表跟他的关系是否亲密。想跟孩子讲道理，要给他一些压力时，就要面对面地跟孩子说话。安抚孩子的时候，要配合身体的动作，比如轻拍他的肩膀，给他一个紧紧的拥抱，无间隙地向孩子表示亲密，孩子会觉得妈妈是全然地接受他，他的情绪才能得到缓解；等到孩子的情绪平静下来，想要跟你解释事情发展的缘由，你可以跟孩子成 90 度，这样孩子会比较没压力。对孩子表示赞赏的时候，可以跟他保持 180 度，与他并列，并且搂着孩子的肩膀，他会有一种跟妈妈平等的感觉。

第三，适当的身体接触。

身体上的接触，可以让亲子关系更为亲近。人的上半身与双手张开的空间越大，表示越想接纳对方。麦当劳叔叔的坐姿是略往后仰的，手是拥抱人的状态，造成胸前有广阔的空间，这就是一种很好的“接纳”，也是受小朋友们欢迎的原因之一。因此，经常向孩子敞开你的怀抱，让他能顺利地依偎进你的怀里；轻轻拍拍他的肩膀、摸摸他的头和脸颊，都可以让他感受到妈妈的爱。他会因此对妈妈产生格外的信赖，觉得自己是非常安全的。而当孩子闹情绪的时候，伴着身体语言的安抚往往更见成效。

给孩子“专属的”时刻

孩子越小，越需要得到妈妈的关爱，尤其是职场妈妈，更需要给孩子无微不至的关怀。因为我们平时跟孩子相处的时间很少，孩子很容易患上“母爱缺乏症”。

当然，这并不意味着跟孩子在一起待的时间越长越好。对于孩子而言，跟妈妈相处的“质”要比“量”重要。即使跟孩子在一起的时间很短，但是只要我们能够让孩子感受到来自妈妈的浓浓的爱，那么孩子的内心也会得到满足。所以，我们最好每天都留出一部分只属于孩子和你的时间，其他的事情什么都不做，只跟孩子待在一起，尽情地拥抱孩子，倾听孩子的心事，让孩子能够感受到妈妈的爱。

尽情地与孩子畅聊

孩子的成长速度飞快，有时候大人尚未察觉，孩子在生理和心理上已经产生了突变。所以，如果在孩子的成长期经常与孩子分离，与孩子沟通的话题也所剩无几，那么跟孩子之间的情感纽带也会日渐松弛。如果我们与孩子相处的时间无法增多，那么我们可以每天都抽出一个小时或者半个小时来跟孩子畅聊。

在交谈的过程中，妈妈要调整自己的心态，和孩子的心理保持一致，听孩子说完他一天的经历和想法以后，妈妈也可以把自己一天的经历有选择性地讲给孩子听，多为彼此创造一些相互了解的空间，这样妈妈才能及时地了解孩子的心理，并且也能跟孩子越来越亲近。

做好倾听的姿态

在孩子说话以前，就做好倾听的准备。这不仅是对孩子，在人际交往中也是同样的道理。只有倾诉对象做出了“我已经准备好了听你诉说”的姿态，我们才能够敞开心扉去诉说。倘若对方能够仔细倾听自己的话，并且不时地给予回应，那我们会更愿意将心底的话和盘托出。所以，当孩子向我们表达诉说的欲望的时候，我们一定要给予鼓励和支持，并且耐心地倾听他们的叙述，这样孩子才更愿意向我们敞开心扉。

如果此时我们的工作很忙，或者孩子说的话题很冗长，但是我们的空余时间不足以让他把话说完，那么我们最好事先跟孩子打好招呼：“妈妈的时间不够，可能只有 10 分钟听你说话，你看看是把事情跟妈妈简要地说明，还是等妈妈有空的时候再跟妈妈细说？”或者说：“妈妈非常愿意听你说这些事情，但是现在妈妈很忙，可能没有办法，等妈妈忙完再听宝宝说好不好？”

当我们解释完了以后，是要有结果的，这个结果就是孩子的预期。我们要告诉孩子：“等妈妈忙完了，如果你还愿意讲给妈妈听，妈妈非常愿意听你说完。”或者给孩子一个期限，妈妈什么时候能够忙完，是半个小时还是一个小时。等我们忙完了以后，一定要记着找孩子，给孩子一个倾诉的机会，因为这是我们对孩子的一个承诺，一定要记住。

和孩子一起玩耍

人和人之间的感情是非常微妙的，素不相识的两个人，如果发现了共同的爱好，或者能够共同处理一些小的事情，两个人之间的关系就会莫名其妙地亲近起来。家长与孩子也是一样的，如果我们总是在孩子面前摆架子，不肯跟孩子亲近，那么我们即使跟孩子相对而坐，也不会有亲近的感觉。但是如果我们能够经常和孩子做游戏，找出一些跟孩子相同的爱好，那么孩子与我们的关系就会越来越亲密。

与孩子之间的游戏不一定要很正式、很大规模的，即使是能够跟孩子一起洗澡、一起戏水，一起在沙堆里玩泥巴，都能拉近彼此之间的距离。

孩子在学校的活动要尽量参加

职场妈妈经常对孩子在幼儿园或者学校里举办的活动感到畏惧，因为这些活动大多都是在工作日举行的，去，会影响到工作；不去，对孩子又不好交代。

其实孩子的活动我们还是尽量参加的好。虽然在我们看来，那些活动每年都差不多，丝毫没有新鲜感，但是对孩子的意义却是完全不同的。他们会抱着很积极的心态参加，如果家长不参加，得不到父母的支持，无疑是给孩子的积极性泼了一盆冷水。而且，如果其他小朋友的家长都参加了，唯独我们缺席的话，孩子的内心会留下一种难以抚平的创伤，觉得自己在妈妈的心中一点都不重要，从而会忽略自己的价值，产生强烈的自卑感。

所以，如果孩子有活动，即使再忙也要努力调整时间去参加。如果实在是没时间，可以让孩子的爸爸或者爷爷奶奶代替，并且及时跟孩子说明情况，这样才能减轻或者消除对孩子的伤害。

信任是对孩子最大的鼓励

期待效应的另外一个名称是皮格马利翁效应。就是说古希腊的时候，有一个人在院子里雕塑了一个少女的神像，并且爱上了这个神像。于是，他每天都会来到院子里，和神像聊天，诉说他的思念和爱慕。日复一日，年复一年，他的诚意终于感动了真神。在某一个月满之夜，神把这个雕像变成了一个真正的少女，跟他结成了夫妻。这个人的名字叫做皮格马利翁，所以心理学上会有这样的一个名词，意思是说主体会根据预先假定的结果影响事物发展的最终结果。

有一个非常著名和有趣的实验可以说明这个现象。这个实验的发起者是美国的心理学家罗森塔尔，实验的意图是要证明在对孩子的教育中，“心理期待”所产生的影响力。他和他的助手到了美国一所很有名的小学，从这所小学的一至六年级当中各选出3个班级来参与实验。

首先，他给这些学生做了一个“预测未来发展”的测验，测验结果出来以后，他很随机地从这些学生的名单当中抽取了一部分学生，然后告诉老师说这些学生是所有的学生当中最有“优异发展可能”的学生，将来一定会很有出息。他把这份假的名单交给了老师，并且一再叮嘱他不要把这份名单泄露出去。

几个月以后，罗森塔尔和他的助手再一次回到这所学校，召集了上一次参与实验的所有同学进行了一次智能测验。结果发现，在假名单中的那些学生，智能增长的速度明显要快于其他同学，而且他们的表现非常的活跃，对知识的渴求也比之前有明显的提高，与老师之间的互动也比之前积极。

通过这个实验，罗森塔尔解释说，尽管他曾经叮嘱过老师不要把这份假名单泄露出去，但是这些被罗森塔尔肯定的学生们一方面自己会认为自己将来一定会有出息，会变得比以前更加自信和上进；另一方面，尽管老师们试图把这份名单藏于心底，但是他们终究掩饰不住对这些学生的信任和期待，会通过眼神、话语或者行为表现出来，从而影响学生的学习情绪，使这些学生变得更自信，求知欲也有所增强。

这个实验在教育界引起了强大的反思，也让人们更重视心理因素的作用。其实，孩子能否成才，除了先天条件的限制，更需要支持、鼓励和表扬，需要充分的心理享受。美国心理学家詹姆斯说：“人类生来拥有的是崭新的生命，与生俱有赢得胜利的条件，人人各有其独特的潜力——才能与先天限制。他们皆可因自己的天赋条件成为一个杰出的、有思考能力、有觉察能力和有创造能力的人——强者。”但是先天的条件并不能确保每一个孩子都成为一个强者，他们还需要有能够促成成功的各种条件。而在影响成功的许多客观因素里面，心理因素的作用是最为强大的。很多时候，即使是面对同样的挑战和竞争条件，充满信心的人更容易取得成功。

所以，我们应该不断地向孩子传递正面的力量，鼓励孩子每一个小小的进步。肯定是一种心理的“强化剂”，对孩子的评价应该以肯定为主，而不能一味地批评和责备。有一些职场妈妈会受到传统教育模式的误导，觉得只有严厉才能将孩子导正，只有责骂和批评才能让孩子认识到自己的不足，并且能够保持谦虚的心态，可是如果妈妈总是告诉孩子他在某些方面是非常糟糕的，这一“心理定势”迟早会在孩子的身上体现。

批评不是不可以用的，但是应该针对错误的行为就事论事，而不是全盘否定。我们要耐心地告诉孩子，他哪里做错了，为什么会做错，只有都解释清楚了，孩子的思维世界对道德和纪律的概念变得清晰了，他才能准确地分辨什么是对的，什么是错的，才会知道自己以后应该怎么做。所以，不管是什么时候，我们给孩子传递的都应该是肯定的信息，而不是相反。尤其是在孩子面临挑战的时候，妈妈鼓励的语言会刺激他战胜困难的决心，让他更有动力。

第五章　教养是为了安心放手

小调查：培养孩子的目的

培养孩子的目的是什么？请你作出选择：

A 让孩子成才 …………………………………………（　）

B 孝敬父母，以后靠他（她）养老 ……………………（　）

C 做一个对社会有用的人 ……………………………（　）

D 光宗耀祖，成为家里的骄傲 ………………………（　）

E 让孩子自食其力 ……………………………………（　）

F 让孩子做个快乐、幸福的人 ………………………（　）

G 以后赚大钱 …………………………………………（　）

H 以后当明星 …………………………………………（　）

I 以后当大官，能够让家人和亲友借力 ……………（　）

请写下你的答案，并且思考以下几个问题：

1. 你还有其他不同的观点吗？具体是什么？

2. 为了达成你培养孩子的目的，你将会怎样做？

3. 以你孩子的现状，他具备实现你心愿的能力吗？

4. 如果孩子想做的事情或者发展方向与你的想法产生了矛盾，你可能会怎么做？

5. 你认为孩子的未来是定向的吗？培养孩子的目的有标准答案吗？

现在我们来揭晓答案：

培养孩子的目的，就是让他能够一生幸福。

这种幸福的前提就是具备独立生存的能力。所以，教养孩子，一定要学会安心放手。

溺爱，是妈妈送给孩子的最可怕礼物

溺爱是一种毁灭性的育儿方式，相信所有的职场妈妈都有这样的共识。但是，令人忧心的是，很多深陷在溺爱误区里的职场妈妈，丝毫没有意识到自己的行为和态度正在送给孩子最可怕的礼物。

周六的晚上，职场妈妈付娟带着女儿周彤到一家兰州拉面馆去吃生日面。平时，周彤特别爱吃这家的面条，所以妈妈特意开车走了很远的路，来到了这家面馆。可是等服务员把面条端上来的时候，周彤却撅着嘴不肯吃。妈妈关心地问："怎么不吃呢？不饿吗？"周彤说："我今天不想吃面条，我想吃肯德基。别的小朋友过生日的时候，妈妈都是带着他们去肯德基的，只有我过生日的时候，是来吃面条的。"

付娟一听，原来是自己没弄清楚女儿想要吃什么，而且别的孩子都是在肯德基里过生日的，自己家的生活条件又不差，怎么能让女儿受委屈呢？所以她二话没说，带着女儿直接奔向了街对面的肯德基。

孩子有要求时，我们总会想要去满足，但是当孩子的要求不合理的时候，我们就应该学会拒绝。拿周彤为例，妈妈开车赶了很远的路，就是为了带她去吃平时最爱吃的兰州拉面。可是她今天不想吃，完全可以在路上就跟妈妈表明态度，事先征求妈妈的意见。可是她一直都没有说，直到服务员把面条已经端上来的时候，才说自己想要去吃肯德基。这样的要求肯定是不合理的，作为家长，我们是应该拒绝的。但是付娟想都没想，就带着孩子去了肯德基，这种行为和态度就是对孩子的溺爱。

一份肯德基，谁都买得起。但是如果在不合理的要求下，我们满足了孩子，那么孩子就会把它当成是一种习惯，以后想要什么就要什么。可是社会上并不是所有的人都能像妈妈一样守护着他，让他免于伤害，也并不是所有的人都能给他想要的一切。所以，在孩子小的时候，我们对他无限的宽容，实际上是害了他，因为在以后，当他走向社会的时候，他肯定会经受不住生活的残酷和折磨，也可能会因为以前的生活过于顺风顺水而随意妄为，最终吃了大亏。

所以，面对孩子的无理要求，我们应该坚定地给予拒绝，并且跟她说明理由："妈妈不能答应你的要求，让你扫兴了，可以跟你说一声对不起。但是，你要明白，在来的路上，你有很多次机会可以向妈妈说明你想吃什么，但是你都没有说。等到面都上来了，你才要去肯德基，那就不能随你的心愿了。有些事情，你应该说明的时候就不能犹豫，一旦错过了，就要为自己的行为负责任，不能什么事情都依着你。如果今天妈妈怕你受委屈，满足了你的心愿，等到以后，你离开了妈妈，没人能完成你心愿的时候，你会更加难过。所以，今天我们一定要在这吃面，不管别的孩子是怎么过的，我们家宝宝完全可以过一个与众不同的生日。"

孩子总会有任性的时候，他们可能完全分不清什么是对的，什么是错的，只会向家长提出各种各样的要求，但是我们的心里得有一把标尺，什么事情可以答应，什么事情应该拒绝，不要以为满足了孩子所有的要求，就会让孩子过得顺心，孩子就能因此而得到幸福。因为当有一天他离开父母的时候，就会变得更加的难过。

同样是职场妈妈，耿迪的做法就与付娟截然不同。她每天下班以后，都会给女儿做饭，不管工作多忙，都会让女儿按时吃上自己亲手做的热乎乎的饭菜。可是，有一天，当她把饭桌摆好的时候，女儿却闹情绪，怎么也不肯吃饭。“我刚才在楼道里玩的时候，闻到对面的邻居家吃的是饺子。我不想吃米饭，也想吃饺子。”“可是，妈妈只做了米饭，没有饺子，等下一顿再吃好不好?”“不，我就要吃饺子，外面的饭馆里有，妈妈可以去买。”

耿迪很严肃地拒绝了女儿的要求。她问为什么，是因为妈妈没钱吗？耿迪解释说：“妈妈不缺钱，也不是买不起饺子，但是妈妈每天下班之后，明明很累了还为你准备晚餐，是想让你吃得更有营养。这顿饭里，包含了妈妈对你的爱和心意，饺子咱们可以下顿再吃，可是这些饭今天不吃就坏掉了。你难道要扔掉妈妈对你的心意吗?”女儿摇了摇头，赶紧到餐桌前，拿起碗筷乖乖地开始吃饭了。

家长对孩子的爱是永恒的，但是这种爱也是有质量的考核的。如果一味地纵容孩子，那么孩子的心中将只有自己，但是如果教导他们从别人的角度出发，他们就会更多地考虑别人的心理和情绪，就不会变得那么自私。所以，作为职场妈妈，我们一定要把握爱的尺度，千万不要让自己对孩子的爱，变成阻碍孩子健康成长的毒药。

不包办，把责任还给孩子

生活中，尽管职场妈妈的时间有限，但是她们会尽一切努力包办孩子的一切事情，比如帮孩子穿衣服、洗脸、收拾书包、叠被子等，这些本来是孩子在成长过程中慢慢学会的事情，却因为妈妈过多的爱，而剥夺了他们学习的权利。

可是，包办的结果会如何呢？来看看下面这个故事：

森林里住着一只母狮子，带着两只小狮子。

有一天，母狮子对两只小狮子说："我要教你们捕猎，你们要分头去追兔子，练习猎杀，然后再学习怎么在危险中生存的本领。"她的话音刚落，两只小狮子就开始奔跑起来。稍小的一只很灵敏，很快就抓到了一只兔子。可是较大的那一只因为跑得太快了，不小心摔到了石头上，磕折了腿。看着它疼痛的样子，母狮子非常心疼，就对它说："孩子，你就在家里养伤吧，以后都不用出去捕猎了。我和你弟弟出去捕猎，把多出来的食物分给你吃。"从那以后，母狮子每天都带着较小的那一只出去捕猎，它们吃饱之后，把剩下来的食物带回给老大吃。老大从此过上了幸福的生活。

日复一日，年复一年，两只小狮子都长大了，母狮子因为过于衰老，马上就要不行了。她把两个孩子叫到跟前，叮嘱它们说，一定要互相照顾，特别是老二，一定要承担起照顾老大的责任。老二含着眼泪答应了。母狮子死后，老二每天都把老大带在身边，出去打猎的时候，它把最好的肉留给老大，自己吃剩余的部分，老大的日子过得也算安稳。

可是，天有不测风云。有一天，老二像往常一样带着老大出去捕猎，可是走着走着，它们两个就走散了。老大找不到老二，又饥饿难耐，就想要找食物填饱肚子。可是，捕猎的本领它一样都不会。几天后，它终因体力不支倒了下去。临死前，它只说了一句话："妈妈，我恨你！"

因为对孩子过多的爱，害怕它受到伤害，母狮子才会让老二和自己包办老大的一切，可是这样的爱收到的回馈却是老大对自己的恨。可见，包办孩子的一切，只会让孩子变得消极和无助，一旦离开了妈妈，就会因为缺乏独立生活的能力而备受伤害。

可是在现实生活中，很多职场妈妈都会以为，自己的贤惠应该表现在帮助孩子上，所以不管自己的工作有多么忙，都会想尽一切办法帮助孩子做完他应该自己做的一切。孩子在学校不开心，妈妈会给老师打电话；孩子跟小朋友之间产生了矛盾，妈妈出面帮忙解决；孩子在功课上遇到了难题，妈妈帮忙做完……渐渐地，孩子习惯了妈妈的帮助，觉得妈妈就应该替自己解决一些难题，妈妈的爱就表现在满足他的一切需求上。

可是，就在妈妈帮忙的同时，孩子失去了学习解决问题的机会，也会逐渐忘记自己生活的责任。经历过一次的事情，他吸取不到任何的经验和教训，下一次再发生，他依然会变得很无助，不知道应该怎样去解决。因为缺少解决问题之后的成就感，孩子一旦面对挫折、面对失败的时候，就会丧失站起来的勇气，也会对生活失去信心。

另外，孩子一旦对父母产生依赖关系，就会把所有的责任都推给父母。一旦孩子遇到了什么问题，家长由于种种原因没有给予及时的解决，孩子就会埋怨父母，或者因此而产生怨恨。所以，如果你的孩子到现在还是很依赖你，希望什么事情都由你来替他解决，如果你稍有疏忽就会对你埋怨不停，你应该做的不是责怪孩子不懂事，而是应该反思自己的教育方式是否正确，是不是在包办孩子的过程中，让孩子混淆了“爱”的含义，以为妈妈的存在就是为了解决问题的，如果妈妈不管自己了，或者疏于管自己了，那就是“不爱”的表现。

不论是替孩子做太多应该他自己做的事情，还是替孩子做了太多应该由他自己作出的选择，都是我们在按照自己的方式塑造孩子，让孩子失去了获得成长的机会，也让孩子丢掉了肩负起自己生命的责任。所以，我们应该拒绝包办，把责任还给孩子，让他在挫折中成长，在生活中获取技能，他才有能力照顾好自己，在未来的日子里生活幸福。

因为爱他，所以放手

生活中经常会有这样的场景：孩子拿着一个新奇的东西，想要拆开来看的时候，妈妈会大喊："别动！"孩子伸手想要触摸桌子的时候，妈妈强力制止："别摸！"孩子想探究躺在地上的感觉时，妈妈又着急地说："快站起来，地上多脏啊！"

为了防止孩子弄伤自己，很多妈妈给孩子戴上了厚厚的手套；为了防止孩子见到什么东西都放进嘴里，妈妈们随时随地地看管着孩子，生怕一个不小心，忽略了孩子，给他的成长带来遗憾。可是，妈妈们不了解，新生婴儿最先发育好的感觉器官就是嘴和舌头，他们需要去尝试不同的味道，来了解这个世界；他们需要不断地触摸，来对不同的事物产生感觉。

他只有摸过了墙，才会知道墙是硬的，感觉是凉凉的。等他上小学的时候，学到"墙上趴着一只壁虎"的时候，他才会了解这些话是什么意思，是怎样一种状态；他只有尝过了蜂蜜的味道之后，听到"像抹了蜜一样"时，才会了解这句话最终想要表达的情感是甜的。但是，如果妈妈们用爱把孩子圈住，不让他在婴儿期利用味觉和触觉跟外界产生沟通，那他将体会不到物体表面的不同，锻炼不了四肢肌肉的平衡发展，也体会不到观察新事物的奇妙历程。我们的爱会阻碍孩子健康、正常的发展，所以我们要学会放手，让他独立去完成探索，而不是处处阻拦他。

程敏是一位非常细心的人，对工作非常认真，对家人和朋友也都非常热情，所有的人都很喜欢她。但是美中不足的是，他们觉得热情开朗的程敏对孩子有点过于苛刻——她的孩子还不满 8 岁，就被送到了寄宿学校。为此她经常会受到熟悉的和不熟悉的人的质疑：“你还真够狠心的，孩子还这么小你就把他一个人丢在寄宿学校里。”“他自己能照顾好自己吗？那么小的孩子，你怎么忍心？”言外之意，程敏和她老公是一对很不爱孩子的人，是极度残忍的父母，或者说他们似乎对孩子的成长周期并不了解，所以采取了不恰当的教育方式。

最初的时候，程敏会解释几句，说自己做的一切都是为了孩子好，但是慢慢地，她不再替自己说话，只是微笑地面对质疑，因为她心里明白，她选择了一种让自己寂寞，却放手让孩子独立成长的方式来爱他。而她的孩子，也带着父母的信任，在寄宿学校里越来越适应，学习越来越好，生活能力和独立性也越来越强。

当然，因为每一个孩子的特质不同，并不是所有的孩子都能适应在这么小的年纪就被送往寄宿学校，也并不是所有的孩子都能通过这种“放养”的方式来培养出与众不同的能力。但是在教育方法上，在表达爱的形式上，职场妈妈还是应该从这件事情上得到一点启发，对待孩子，应该适当“狠心”一点，藏起对孩子的一部分爱，让他有机会去接触不同的事物，独立完成自己的分内事，这也是锻炼孩子的一种好方法。

我们总是想要给孩子创造一个幸福的环境，尤其是小时候过得比较艰苦的职场妈妈，唯恐自己因为一时的疏忽，让孩子过得不称心。可是我们自以为是的饱满的爱，只会成为孩子喘不过气的桎梏，或者成为阻碍孩子前进的绳索。因为孩子在我们刻意营造的“欢乐天地”里，正在日益失去独立生活的能力。

不管怎么样爱孩子，我们始终都不能陪在他身边一辈子。很多职场妈妈很焦虑，担心孩子离开自己之后没有办法生活，或者觉得自己的孩子不够独立。面对这种情况的时候，其实我们应该首先问问自己：是孩子本身不愿意独立，还是你不愿意放手让他独立？是他从来都没有尝试过独立，还是你扼杀了一切他有可能变得独立的机会？

必不可少的挫折教育

在独生子女的时代，每个孩子都强调“我”，不管是什么东西，只要想要就大声地喊出来，而有些职场妈妈偏偏会顺应孩子的要求，不管他们索要的东西是否合理，只要孩子有需求，她们就会尽力给予。这些职场妈妈的做法是不科学的。因为今天尚且蹒跚学步的孩子，在以后的人生道路上，注定了要承受各种各样的磨难。不管是求学也好，还是参加工作，生活和职场中总是充满了竞争和羁绊，任谁都不可能顺利通行。不管我们怎么样爱孩子，都不可能给他们制造一个“真空地带”，让他们永远都无忧无虑地生活，拒绝一切伤害。所以对待孩子，我们要“狠心”一点，适当的时候藏起一半爱。在孩子不顺心的时候要顺其自然，不要妄图替孩子遮挡一切风雨，让孩子不受半点委屈。因为孩子只有在委屈和挫折中，才能锻炼自己，增强抗挫能力。

某个星期三下午，职场妈妈张亚杰特意请假去参加孩子的汇报演出。三年级一班的王硕在几百人的会场中不仅秀了一段舞蹈，还用动听的歌喉演绎了一首英文歌。她的精彩表现给其他尚未表演的孩子们带来了很大的压力。

张亚杰的女儿雨欣排在王硕的后面，她为大家准备了一首中文歌。前几句唱得都不错，可能是由于事先没有跟乐队老师讲好，到了第五六句的时候，明显有抢拍的迹象。越往后，雨欣的表现越不好，完全没了信心。最后，她竟然在台上哭了起来。现场的很多人都慌了，演出也被迫中断。张亚杰无奈，只好走上台去把女儿抱了下来。

这件事给张亚杰狠狠地上了一课，她一直在想，为什么孩子的心理这么脆弱，经不起任何的挫折和失败呢？想来想去，她觉得是自己平时太娇惯孩子了，从来都没让她吃过苦，也没让她尝过任何不如意的事情。所以，一旦生活中出现了让她不顺心的事情，她就不知道应该怎么样去面对，只能委屈地痛哭。

没有一个妈妈希望自己的孩子过得不幸福。可是，幸福的生活不等于溺爱，不等于全部的满足。如果孩子永远都生长在我们刻意营造的蜜罐里，那么他们即使是长大后，也无法勇敢地面对风雨，面对人生的挑战。所以，挫折教育对于孩子来说是十分必要的。

那么，我们应该怎样对孩子进行挫折教育呢?

1. 在潜移默化中引导孩子

挫折教育不是单纯的说教，可以在潜移默化中引导孩子。形式和方法有很多种，比如我们可以陪孩子一起玩游戏，制定一些规则，培养孩子的竞争意识。游戏中肯定会有输有赢，职场妈妈一定不要一味地迁就孩子，总是让着他们，让孩子一直处于赢的状态。而是要刻意制造一些让孩子输的机会，这样孩子在以后才能“输得起”。之后，我们可以跟孩子一起分析他输的原因，帮助孩子提高受挫的勇气和能力。

2. 学会放手，让孩子自己做自己的事情

如果对孩子过度溺爱，事事包办，孩子的抗挫能力就会变低。比如在生活中，孩子摔倒了，不严重的话，我们完全可以鼓励他自己站起来；孩子想要吃东西，我们可以鼓励他自己去拿，衣服自己穿等等，千万不能让孩子过“衣来伸手饭来张口”的生活。

3. 有意设置障碍，培养孩子的抗挫能力

有一位职场妈妈，对孩子的教育投资可谓是倾其所有，只要孩子要求的，她都尽量去满足。可是有一次，她却故意让孩子失望了。当时，孩子挑中了一款电动车，他满心欢喜地等着妈妈付钱。可是妈妈却说，你已经有一款类似的了，不能再买了，从而拒绝了儿子的要求。其实这位职场妈妈的本意是要让孩子知道，不是所有的愿望都能实现的。如果孩子平时走惯了顺路，想要什么就有什么，那么一旦他得不到自己想要的东西的时候，心理就会备受打击。与其让孩子以后受苦，不如让他从小就培养出超强的抗挫能力。

4. 通过批评、忽视等方式，使孩子接受挫折教育

孩子做错了事情要批评，严重的时候要给予适当的惩罚，是非常必要的。因为这样可以让孩子体会到受到挫折的感觉，从而增强自己的受挫能力。另一方面，我们不能总以孩子为中心，娇惯孩子，这样会让孩子形成优越的感觉，不容易接受挫折和失落感。所以，适当的时候我们可以忽略孩子，有尺度地忽视他们的感觉，让他们有机会去独立处理事物，也能增强他们应对挫折的能力。

挫折和磨难是最能锻炼人的品质和意志的，它们是孩子成长过程中必不可少的因素。对孩子进行挫折教育，不仅能够让他们更好地面对学习和生活，也能增强他们应对事物的能力。但是抗挫能力不是一朝一夕就能形成的，需要持久的培养，所以我们一定要有耐心，帮助孩子认识挫折、经历挫折并且最终战胜挫折。

左手赏识，右手逆商

晶晶还有半年就小学毕业了。

从小学四年级开始，她就对考试很排斥，每一次考试之前，她都会特别的紧张，浑身出冷汗，有一次差点昏倒在考场上。她之所以会有这样的反应，是因为三年级的期末考试中，她的数学成绩很不理想。本来她就不太喜欢数学，加上那段时间一直感冒、头痛，睡眠质量很受影响，导致听课注意力不集中，很多知识点都没能好好地掌握。考试前她就一直焦躁不安、自责难过、情绪低落，成绩当然不会理想。

这次考试失利，对晶晶的影响很大。她的妈妈给了她很大的压力，

并且告诉她说："别以为只要尽了力就行了，一次考试不重视，以后就会有更多的失利。"在妈妈的压力下，她参加了数学辅导班，将学过的知识不停地复习，连老师都觉得她考试不会有什么困难。但是，因为有了一次对考试不好的记忆，每逢考数学她都会变得异常的紧张。偏偏越是担心什么，就越会发生什么，由于她对数学的抵触情绪，致使成绩直线下降，压力也变得越来越大。

晶晶的心理问题是不能正确地对待以往的挫折和失利，但可叹的是，不少孩子都存在这种心理问题。这跟职场妈妈对孩子的教育具有非常重要的关系。一方面，职场妈妈为了让孩子有上进心，不停地给孩子增添压力，通过与其他孩子比较或者其他的提醒方式，让孩子时时刻刻看到自己的缺点和不足。可是，过多地关注自己的弱势，总是在妈妈的批评和指责中成长的孩子，内心会变得非常的敏感和自卑。一旦遇到挫折，就会对自己产生很深的怀疑，觉得自己什么事情都做不好；另一方面，职场妈妈由于没有更多的时间陪在孩子身边，难掩对孩子的愧疚，总是希望通过物质等方面对孩子进行弥补。富裕的生活环境，加上家长的精心呵护，使得孩子很少经历挫折。一旦失利，就会垂头丧气、悲观失望，甚至从此一蹶不振。

面对这种情况，职场妈妈一定要端正自己的态度，要学会赏识孩子，看到他的每一项长处，注意到他的每一点进步，并且给予适当的鼓励，帮助孩子树立自信，同时也不能忽略对孩子逆商的培养。因为在充满逆境的当今社会，事业的成败、人生的成就，不仅取决于人的智商、情商，也在一定程度上取决于人的逆商。

有一个小女孩，向妈妈抱怨她的生活，她觉得凡事都很艰难，不知道怎样挺过去，想放弃了。她厌倦了不断地抗争和奋斗，似乎一个问题刚刚结束，甚至还没有结束的时候，另一个问题就已经出现了。

她的妈妈是一位职场金领，平时很喜欢烹饪，就把她带到了厨房。妈妈在3个水壶里分别装满了水，放到了高温的火上。很快地，水开了。她往第一个水壶里放了些咖啡豆，第二个水壶里放了几个鸡蛋，第三个水壶里放了一些胡萝卜。她没有说话，只是静静地等待着再一次水开的时候。

女儿不耐烦地等着，对妈妈的行为感到很纳闷。大约20分钟以后，妈妈关掉了火，把咖啡倒进了杯子里，捞出了鸡蛋和胡萝卜。她问女儿说："宝贝，你看到了吗？这3种物品都经历了沸水的蒸煮，但是最终它们变成了什么？"

"鸡蛋、胡萝卜和咖啡。"女孩回答道。

妈妈把她带近了这些东西，解释说："可不单单是你表面上看到的那样。这三样东西都面临着同样的逆境——煮沸的水，但是它们的反应却是截然不同的。胡萝卜本来是很硬的，但是被水煮过之后，就变得柔软而脆弱了。鸡蛋本来是很容易碎的，但是被煮过之后，却变得坚硬。最独特的是咖啡，当它放到沸水里以后，却能改变水的味道。在逆境中，哪一个才应该是你呢？"

是的，人生不如意十有八九，如果不注重对孩子逆商的培养，孩子就可能会像胡萝卜那样，在逆境中变得不堪一击。但是，倘若孩子对困难有了更深层次的理解，也经历过更多的挫折，那么他就会像是鸡蛋一样，在逆境中变得坚强，也可能会像咖啡豆一样，把逆境变成自己的机会，让自己彻底征服逆境。

超量满足培养"草莓族"

大家都吃过草莓吧？草莓的外表看起来可爱又迷人，但不小心一碰、一踩就烂掉了。现代的很多孩子都像草莓一样，遇到挫折马上就退缩或恼羞成怒，缺乏解决问题的耐心；或是个性非常依赖，什么事情都懒得动手，随时讨救兵。

3 岁的秀秀刚进幼儿园不到两个月，就已经成为了让老师非常头疼的孩子。不管老师让做什么，她都喊着要等妈妈来。比如，老师说："该吃中午饭了，各位小朋友都去把手洗干净，回来我们一起吃饭。"老师的话音刚落，别的孩子们就已经乖乖地去洗漱台洗手了，唯独秀秀在角落里一动不动。老师高喊了几声秀秀的名字，连连催促了几次，都无济于事。每一次秀秀都说："我不去，我要等妈妈来，让妈妈帮我洗手。"老师把秀秀带到餐桌前，让她跟小朋友们一起吃饭，她却不肯，连连喊着："我要老师喂我。"

幼儿园里的孩子，几乎没有人愿意跟秀秀一起玩。与其他孩子玩要时，秀秀总是固执地希望游戏能够按照自己的意愿进行，一旦情况不利于自己，她就会违反规则，要赖，强调游戏的规则不对，要重新再玩。回到家里，秀秀更是衣来张口饭来伸手，稍微有些不顺心的事情，就要赖撒泼。如果妈妈稍微下班晚一点，她就大哭大闹，弄得全家都不得安宁。

秀秀的妈妈当然希望改变她的这种性格，可是事情往往没有想象中那么简单。每天秀秀的妈妈都用她能听得懂的话劝慰她，也对她发过脾气，可是她就是不听。有时候对孩子说深了，自己就会觉得愧疚，因为自己整天忙于工作，本来就没时间陪孩子，在情感上已经亏欠了孩子，如果再对孩子百般责难，心里更是过意不去。

大多数职场妈妈都有这样的想法，因为对孩子心怀歉意，认为自己整日不在孩子身边，不能像专职妈妈那样随时随地地呵护孩子，所以在面对孩子提出的要求时，往往都能最大限度地满足。有的时候孩子并没有过多的需求，但是职场妈妈因为想要做情感方面的补偿，也会给孩子超量的满足。她们对孩子的不良举动常常是"睁一只眼闭一只眼"，对待孩子的态度也特别的宽容和放任。

但是，这样的行为和态度对孩子的影响是非常负面的，会把孩子培养成弱不禁风的“草莓族”。在妈妈的过度宠爱下生长的孩子，在超量满足的环境里，会认为自己的一切愿望都应该得到满足，只要是他想要的，就应该得到。而且，如果一直不假思索地超量满足孩子，孩子会把父母当成是自己的靠山，认为做任何事情，只要跟父母要求就一定能够实现，即使父母表面上反对，只要跟他们发发脾气、使使性子，也能很快达成心愿。这样一来，孩子会变得越来越任性，越来越不独立。

所以，职场妈妈在教育孩子的过程中，要跟孩子的爸爸保持一致，允许的和不允许的要划分清楚。始终坚持统一的教育原则，并且要尽量做到以下几点，拒绝让孩子成为“草莓族”：

第一，父母不要事事代劳

现代的爸妈非常忙碌，经常以物质来补偿没有时间陪伴孩子，于是孩子要什么有什么，甚至于不要什么，爸妈都会主动送过来，使孩子养成了不懂得珍惜的心态。有些家长没有耐心和时间去等待孩子慢慢来，干脆把什么事情都替孩子做好了，孩子因此失去了尝试和学习的机会，自己独立生活的能力就会相对减弱。

还有一部分家长，只注重孩子文化课的学习，把所有的希望都寄托在孩子的身上，不惜一切代价地让孩子学习钢琴、英语……像是扫地、洗碗的活儿从来都不让孩子插手，把孩子像个小公主、小皇帝一样供养，凡事都由家长代劳。在家长看来，其他的任何事情都不重要，只有学习才是当务之急。可是，家长如果这样做，孩子不但会丧失生活的基本能力，在遇到挫折的时候，就会习惯性地找家长，依赖成性。一旦家长没办法提供帮助，孩子的心理将会变得不堪一击。所以，职场妈妈千万不能因为爱孩子就事事代劳，剥夺他们体验生活和积累负面经验的机会。

第二，延迟满足与适量不满足孩子的需求

人类的欲望可以分为几种：延迟满足、适量不满足、超前满足、即时满足和超量满足。好的教育总是提倡延迟满足和适量不满足。比如孩子想要玩具，妈妈可以告诉他你要先做成一件什么事情，完成一件其他的任务之后，才可能会获得这个玩具。如果觉得孩子的玩具已经很多了，就可以直接拒绝。在教育孩子方面，家长一定要学会拒绝，告诉孩子什么事情是不能做的，这非常的重要。因为延迟满足和适量不满足能够让孩子学会忍耐，让他知道这个世界不是为他一个人准备的，他所要的东西不会唾手可得。同时，也锻炼了孩子接受被拒绝的能力，培养了孩子的逆商，可谓一举多得。

“不陪”才能培养好习惯

孩子刚被送到学校里去，老师会给新生的家长开会，提出要家长陪孩子做作业、监督放学后孩子的学习情况等要求。但是这种“陪同”并不需要坚持很久，通常都是在一周或者半个月左右。

因为刚开始上学的孩子，对放学后还需要写作业、复习第二天的功课这件事情会感觉很陌生，而且，他们也很难适应自己身份上的转变——从一个自由自在、无拘无束的小朋友，变成了一个各方面都需要调整和接受管理的小学生。如果没有爸爸妈妈的辅助，可能会需要很长时间去适应。这时候家长在一旁给予一些指导和提醒，让他尽快熟知一些基本的规则和做法是必须的。可是，当孩子已经逐渐适应了以后，家长就不用再陪了，因为你的不陪和放手，其实是在给孩子一个锻炼的机会，让他能够独立地完成自己的课业，并且养成爱学习的好习惯。

潘静毕业于一所名牌大学，工作出色，人也长得很漂亮，由于对婚姻的要求颇高，一直到37岁才结婚。婚后生了一个儿子，因为是中年得子，所以对孩子爱得要命，几乎什么事情都会陪在孩子的身边。

孩子还在襁褓中时，她就申请了工作调度，周一、周三、周五都在家里办公，只有周二和周四的时候去单位。在家的时间多了，陪孩子的时间也就多了。她把这些多出来的时间都用在了对孩子的启蒙教育上，每天用好几门语言跟孩子讲话，还教会了孩子背唐诗。

儿子进了幼儿园以后，有一位心理医生来做测试，结果发现她儿子的智力超乎常人。她听了这个结果以后，更加坚信要时刻陪在孩子身边，把他教育成为一个非常出色的人。她把大部分的精力都投入到了对孩子的教育上，每天孩子放学回家，她都在孩子的身边，看着他写作业、复习功课。孩子错一道题，她就在一边不断地提醒，写错一个字，她也会在旁边喋喋不休地评论，纠正他的错误。她希望通过这样的方式能够让孩子变得更优秀，而且她也很自信，在这种教育方式下，孩子会变得越来越完善。

可是，尽管潘静对孩子的教育越来越用心，她儿子对学习的态度却是越来越不用心。刚上小学的时候，他是班里的尖子生，每次考试都名列榜首，可是到了三年级以后，各方面都表现平平，即使是他从小就开始学习的外语，考试的时候也总是倒数，丝毫没有高智商的痕迹。而且，他的性格越来越内向，不爱说话，一点儿男子汉气概都没有，经常表现得很窝囊。

为什么潘静这么用心地教育孩子，却得到了相反的效果呢？答案是，家长陪孩子学习的时间越长，扮演的角色越像是监工。而孩子的骨子里是不喜欢被强迫接受一些事情的，越是家长希望做成的事情，他越是显得被动，那么他的抵触心理就越强。所以在培养孩子的过程中，应该尽量让孩子形成自觉意识，自己去思考和选择，才能有更好的成效。同样是学习，如果是他自发的，那么他接受与吸收知识的程度肯定要高于家长强迫的；同样做决定，如果不是来自家长的指令，而是他自愿的，那他会更愿意去执行。

有些职场妈妈可能会觉得孩子还太小，在某些方面存在太多的缺点，需要家长在旁边不停地纠正。可是家长眼里的“克服”，很可能会演变成孩子眼中的“屈服”，他们没有办法直接抒发自己的意愿，凡事都由家长来做决定，久而久之，就会形成一种依赖。一旦家长不在身边，他们就不知道应该怎么做了，变得没有方向感，性格上也非常的懦弱。

所以，孩子刚被送到幼儿园或者小学的时候，妈妈陪在孩子身边几天，等他完全适应了新环境、新规则的时候，就要学会抽身。因为如果妈妈不懂得抽身，孩子的独立性永远都不可能形成，他会变得越来越依赖，越来越不自觉，陪的效果也将会越来越小。同时，妈妈们还要注意，从孩子的身边“抽离”出来以后，自己还应该发挥哪些辅助作用，才能更有利于孩子的成长，自己还需要对孩子进行哪些帮助，才能对孩子的教育起到正面的作用。

我们说的不陪是希望孩子摆脱对父母的依赖，让他在自觉中能够养成良好的学习习惯，锻炼独立解决问题的能力。妈妈即使从孩子的身边“抽离”出来，也需要时刻关心孩子，在他辨不清方向的时候，给他及时的辅助。而不是说“不陪”就是真正的“不管”，有些妈妈由于忙于工作，对孩子不闻不问，从来都不关心；有些妈妈整天忙于应酬、吃喝玩乐，没有心思照看孩子……这种“不陪”与我们提出的“不陪”完全是两种不同的概念，希望各位职场妈妈能够区分开来，做一个正确的评估。

如何处理孩子的分离焦虑

孩子到了该去幼儿园的年龄时，妈妈会格外的辛苦，一方面担心孩子离开了家长的呵护，从众星捧月式无忧无虑的家庭生活过渡到面临竞争和协作的集体生活，从亲人走向老师，这个过程中难免会有一些不适应；另一方面，孩子可能会出现分离焦虑的倾向，让妈妈一时间不知道怎么去应对。

王玉是一个三岁零两个月的小男孩，长得很可爱，经常会带着一种很羞涩的表情。在家里，爷爷奶奶、姥姥姥爷、爸爸妈妈6位家长都非常宠着他，所以刚被送到幼儿园的时候，他觉得特别的不适应，双手一直勾住妈妈的脖子，像个小猴子一样攀附在妈妈的身上。她妈妈一直跟他商量让他下来，跟老师和小朋友们一起上课。可是无论怎么说，他都不听，只要妈妈一离开，他就大声痛哭。

后来，在老师的帮助下，妈妈把王玉送到了游戏活动室，那里面有八九个小朋友在老师的带领下做着各种各样的手工练习，王玉很快就被吸引了，从妈妈的怀抱里溜出来，牵着妈妈的手跟小朋友们一起玩起了游戏。遗憾的是，自始至终，王玉都必须要在妈妈的陪伴下才能安静地玩，只要妈妈一走开，或者视线不在他身上，他就立即哭哭啼啼表示抗议。

其实王玉表现出来的就是一种分离焦虑。分离焦虑是孩子在面临跟亲人分开时表现出来的一种焦虑、不安或者不愉快的情绪反应，不仅表现在去幼儿园的时候。一般细心的家长会发现，早在孩子几个月大的时候，当亲近的人从他们的眼中消失的时候，他们就会立刻不安起来。“妈妈去哪了？我要找妈妈！”随即出现叫喊或者哭闹。由于焦虑中的孩子会把所有的注意力放在寻找亲人上，有时，他们甚至表现出不吃、不喝、不玩，这些平时最能引起亲近的人关注的行为，会成为他用来呼唤亲人的一种方法。当然，其他的活动可能就进入不了他们的视线了。当孩子到了上幼儿园的年龄，分离焦虑就越发不可忽视了。很多孩子会因害怕去幼儿园，经常以不起床、假装生病、赖地哭闹的手段进行抵抗。如果长时间出现这种焦虑，可能会引起感冒、发烧、肚子疼等生理上的疾病，甚至抵抗力会下降。

如此一来，不仅影响到了孩子的社会适应能力、社交能力，还可能对孩子的健康产生影响。所以，减少孩子的分离焦虑，对于培养孩子的健康人格和生活能力具有很关键的作用。那么怎样才能减少孩子的分离焦虑呢?

首先，想要让孩子独立，妈妈先要坚强起来。

孩子缺乏独立行为的背后其实是家人的过度保护和宠爱。与其说是孩子有分离焦虑，不如说是妈妈不忍心与其分离。比如说，在生活中孩子不管有什么需求，不等孩子开口，可能妈妈就已经替他完成了，他没有独立去做事情的思维和能力，就会不自觉地把生活的重心往妈妈的身上靠。一旦要跟妈妈离开，他的焦虑就会变得很严重。所以，妈妈应该首先培养孩子自己的事情自己做的生活习惯，多给孩子提供自我锻炼的机会，他们才能逐渐形成独立、勇敢的性格。

其次，对于要进入幼儿园的孩子，要给予正确的引导。

孩子的分离焦虑是因为没有安全感，对陌生的人、陌生的环境产生的不信任造成的，所以让他对新环境产生好奇感和向往，是疏解其分离焦虑的第一步。

在孩子上幼儿园之前，妈妈要经常在家中谈论幼儿园，并且采取一些出其不意的方法，比如跟孩子说："小魔王曲奇也要上幼儿园了，你猜他是怎么去的呢？是乘坐巫婆的飞行毯去的，还是骑着狮子去的呢?"每天晚上上床之前，给孩子讲的故事都可以是以幼儿园为背景发生的，并且可以跟孩子讨论一下："如果宝宝去了幼儿园，会发生什么事情呢?"一旦孩子对这些故事产生了期待感，他也就会对幼儿园产生期待感，他的排斥和抗拒心理就会逐渐减轻或者消失。

第六章　职场妈妈的“心灵减压剂”

心理学家曾针对职场妈妈群体做过调查，结果显示，有68．2%的人正面对着较大的生活和工作压力，而其中58．2%的人身上正显现出不同程度的心理疲劳，健康状况令人担忧。

职场妈妈的心理疲劳主要表现为厌倦工作、对孩子没耐性、不愿意起床、上班迟到次数增多、与孩子在一起时心情烦躁、工作时注意力涣散、思维迟钝、反应迟缓、遗忘率增加。

心累指数测试（注：以下10项测试可以使你对自己的心理疲劳程度有个大致的了解，测试分数仅具有临床心理学的参考意义，限于篇幅，不能充分测评严格意义上的全方位指标）：

1. 工作中，面对突发状况或者突然接到紧急任务，我经常会手脚冰冷、全身冒冷汗：

A. 常常如此　B. 有时如此　C. 很少　D. 从来没有

2. 跟孩子在一起，我总觉得被什么东西压着，很有紧迫感，心情从来都不能得到放松，也不能承受跟孩子在一起的时间：

A. 常常如此　B. 有时如此　C. 很少　D. 从来没有

3. 晚上即使没有什么特别的事情，我也会拖到很晚才睡：

A. 常常如此　B. 有时如此　C. 很少　D. 从来没有

4. 当孩子不听话或者工作不顺心的时候，我：

A. 感到非常恼火，甚至有时会控制不住脾气发怒

B. 介于A、C之间　C. 冷静考虑问题出在了哪里，并且会想办法去解决

5. 当接到孩子的老师打来的电话或者被通知领导找我时，我总会一下子紧张起来：

A. 是的，经常会这样　B. 不一定，需要看具体的情况

C. 很少会这样　D. 我对孩子和工作都很放心，所以不会有什么情绪上的变化

6. 最近我发现我似乎没什么娱乐活动，也对以前的娱乐活动不感兴趣了：

A. 是的，我已经很久没有好好地放松精神，出去玩了

B. 说不准，虽然没什么特别喜欢的，但偶尔会放松一下

C. 不是的，除了工作和孩子，我还有一两项其他的娱乐

D. 我有很多的娱乐，精神非常放松

7. 总觉得时间不够用，所以会把很多事情塞到很有限的时间里，可是等到闲下来的时候，又不知道应该做什么：

A. 常常如此　B. 有时如此　C. 很少　D. 从来没有

8. 办事拖延，我似乎也不太担心由此产生的后果：

A. 常常如此　B. 有时如此　C. 很少　D. 从来没有

9. 在工作日的时候总是昏昏沉沉的，就像是睡眠不足一样；等到休息日的时候，有时间睡觉却睡不着。但是会担心时间过得很快，休息日转眼就过完了：

A. 常常如此　B. 有时如此　C. 很少　D. 从来没有

10. 计划表开始变得不重要，我不再填写任何计划表了：

A. 是的，已经很久没有做过很详细周密的计划了

B. 偶尔会做，但即使做了也不能很好地执行

C. 经常做，虽然不能保证全部都按照计划执行，但是大部分计划

都能得到很好的执行

D. 每天都做，我做事非常有条理

测试结束，计算分数：A为4分，B为3分，C为2分，D为1分。

11～15分：你还没有产生心理疲劳，希望继续保持。

16～20分：你的状态还算不错，工作和生活基本上能够维持平衡。

20～28分：你已经表现出了一定程度的心理疲劳了，注意调整你的工作和生活之间的矛盾。除了照顾孩子和努力工作，你更要注意自己的心理健康，适当地出去放松一下，缓解一下压力，不失为好选择。

28分以上：你心理疲劳的程度相当严重。因为心累，会对你的生活和工作产生很大的影响，你的判断力可能没有往日那么准确，信心也没有往日那么十足，对待孩子也失去了耐性。建议你向一些专业的心理学人士求助，或者自己多留意一些心理学方面的知识，进行自我疗愈。

忙碌的生活是幸福的威胁

在一项心理学调查里，要求参与的女性都要写出前一天所做的事情，然后对这些事情进行评价。这些女性写的事项有工作、饮食、购物、照顾孩子、社交、亲密关系和家务劳动等等。但是在她们的总结中意外地发现，妈妈们并不能享受和孩子在一起的时间。

心理学家诺伯特·施瓦兹解释了这个现象：当人们被问及与孩子在一起是否开心的时候，很多人想到的是给孩子讲故事、陪孩子做游戏、跟孩子聊天等等，这些过程都是美好的，很值得人们期待的。但是，现实的生活往往与心理预期产生了偏差。因为人们在单纯去想一件事情的时候，总愿意往好的方面期待，但事实上，陪孩子的时间里，妈妈们要忍受孩子哭闹、惹人烦的时候，更多的是要照顾孩子的情绪，而不得不放弃令自己舒适的感觉。

无可置疑，大部分职场妈妈都喜欢带孩子的经历，可能有些人会把这当成是人生中最快乐、最有意义的事情。但是，由于家务的繁重，工作也要分去一部分注意力，职场妈妈在照顾孩子的时候难免会感到力不从心。而一旦私人时间减少，精力分散，就会减弱对快乐的感觉，幸福感也会相对降低。特别是现代社会，手机、网络等通讯工具的发达，让我们随时随地都可能被打扰。也许前一秒钟还在兴致勃勃地陪孩子玩耍，下一秒钟工作的任务就会抵达，其他的事情也会出来干扰，这样就会使原来很快乐的事情变得很有压迫感。

有一位职场妈妈，平时工作一直很忙，顾不上照看孩子。好不容易周末不加班了，她带着孩子到了附近的公园玩耍。公园里的景色很美，绿色的树，五颜六色的花，加上孩子快乐的嬉戏声，让她有了一种很快乐、很放松的感觉。可是这时候，她的手机突然响了，是单位里的同事打来的，说有一个任务很紧急，希望她能尽快到单位来加班。

她很无奈，招呼孩子想要离开。可是孩子正玩得尽兴，不管妈妈怎么说都不愿意回去。妈妈说急了，他就大哭大闹了起来。这时候，这位职场妈妈觉得心情特别烦躁，原本快乐的好心情也消失殆尽，不见了踪影。

生活中，最可怕的事就是很多的事情赶到了一起。因为忙碌，顾此失彼，就会有很强烈的时间压迫感，心情上也很难放松，压力也会莫名地增大。可是现在的很多职场妈妈，不仅希望照顾好孩子，还希望在事业上有所建树，升职、加薪，希望通过更多的努力，在人生的履历表上创造出更多的成就。所以她们愿意忍受无止境的加班，即使是休息的时间被工作打扰，也毫无怨言。可是，拼命地工作或许会换来事业上的成功，却可能会让我们在精神上付出高昂的代价。调查显示，很多把工作和休息时间混淆的职场妈妈，精神上都感到特别的沮丧，她们总觉得时间不够用，不管做什么事情，都觉得像是被什么东西压着，弄得自己喘不过气来。

职场妈妈通常都太忙了，想要的东西太多，所以只好不停地给自己压力。每天争分夺秒地工作，好不容易有一点时间，能够跟孩子一起，还要被各种其他的事情充满：家务、应酬、购物等等。我们总是希望在最短的时间里做更多的事情，为了求效率，会尽一切所能把更多的事情挤进更少的时间里。可是，这样做的后果只能使我们忘记了对生活的感恩，忘记了享受身边的美好事物，比如我们的工作、家务和陪孩子的时间。

但是，如果在忙碌的工作之余，我们能够停下来，让自己的休息时间与工作区分开，专注地去陪孩子，放松，然后其他的事情再找其他的时间做。每天不用给自己那么多压力，总是留出一部分时间来给自己，静心地享受，那么我们的生活将不会再被繁忙的工作打扰，我们跟孩子在一起的快乐也不会因为时间的紧迫而受到影响。

妈妈情绪暴躁会伤害孩子

“我不爱你了”、“我很讨厌你”、“我这么受苦受累，都是因为你，没有你的话，我的日子不知道会过得有多好”……这是在亲子关系中对孩子伤害最深的话，可是很多职场妈妈却经常把它挂在嘴边。

作为大人，我们在与孩子互动的时候扮演的是很强大、很权威的角色，拥有着至高无上的主控权。孩子在依靠和仰望我们的年岁里，他的情感发展、心智还没有完全成熟，对世界的认知往往需要通过父母的语言、肢体语言和情绪表达来判断。在他纤细、敏感而又脆弱的幼小心灵里，完全没有办法理解我们每句话背后的含义，更不会懂我们每一个行为背后的苦心。他只能根据眼前看到的、耳朵听到的结果来判断，通过家长表现出来的情绪来作选择，一旦他们的内心接收到了消极的信号，无助的他们也许会把这些话语埋藏在心底一辈子，甚至会影响以后的人生。所以，我们决不能因为一时情绪上的失控，自己感觉到愤怒就口无遮拦说出很多伤害孩子的话，更不能因此做出对孩子伤害巨大的行为。

作为妈妈，我们既然把一个纯洁的小生命带到了这个世界，就一定要尽全力去爱护他，所以在每一次快要生气的当口，觉得自己快要发怒的时候，一定要把恶言吞下，做做深呼吸，调整一下情绪。只有我们做一个健康成熟、能够疏解情绪的人，才能控制住自己，避免把孩子当成出气筒。

有些职场妈妈会把打骂孩子当做折磨配偶或者公婆的工具和利器。尤其是在婆媳关系非常矛盾的家庭里，隔代亲都非常地宠溺自己的孙子孙女，见不得他们受一点儿委屈，很多儿媳妇正是抓住了隔代亲的这个弱点，每次跟公婆闹矛盾的时候，就习惯性地把怒气转移到孩子的身上，对孩子非打即骂。公婆越是劝阻，她表现越是严重。

在正常的情绪下，没有哪一个妈妈愿意伤害自己的孩子。可是在情绪狂乱的时候，有些人会无意识地把孩子当成是出气筒，她们不觉得巴掌是打在孩子身上的，真正想骂的人也未必是孩子，因为她们在拿公婆无奈的情况下，只好拿他们最心爱的人出气，以此来增加他们的痛苦，起到折磨的目的。但是孩子是无辜的，无缘无故遭受妈妈的打骂，他的内心会非常的受伤。

所以，如果你发现自己经常会因为情绪失控而做出不适当的行为时，一定要想办法控制住自己的情绪。你可以尝试一些减压的方法来消化自己的怒气，也可以请专业的心理医生帮忙，但是千万不能任由自己胡乱地发脾气，因为你的一时盛怒很可能会带给孩子一辈子的创伤。

有一个叫徐涛的小朋友，过 5 岁生日的时候，爸爸妈妈陪他在游乐场玩了一天以后，又带他到了一家韩国料理店去吃饭。因为太高兴了，天真的徐涛像是耍宝一样，把配送的辣白菜撕成一条一条，不停地往嘴里送。妈妈见状，突然大吼一声：“你在干什么？没吃过咸菜啊?!”徐涛被吓呆了，嘴里塞满了辣白菜，眼睛里都是泪水，咽也不是，吐也不是，只能很无助地看着妈妈。

这样的事情经常会在徐涛的身上发生。他妈妈是一个脾气很暴躁的女人，每次看到他有不适当的行为就会忍不住大喊大叫，尤其是在吃饭的时候，总会找出孩子的各种不足来说事。所以徐涛每次靠近饭桌，心情都特别紧张，端着饭碗的手始终是颤抖的，胃病也特别严重。他有什么事情都不敢跟妈妈讲，生怕说错了话惹妈妈不高兴，又让她发脾气，所以他经常隐匿自己的真实想法，从来不敢勇敢地表达，性格也变得越来越懦弱。

对于孩子来说，我们应该是时刻保护他的母亲，可是我们却可能因为控制不住自己的情绪，而给孩子带来最大的伤害，这是多么讽刺的事情啊！所以，在出口管教孩子之前，一定要先稳住自己的情绪，千万不要因为一时失控而吓坏了小孩。而且，随着孩子一天天长大，我们经常面对孩子失控，会给他以后变得叛逆创造出更多的借口。所以管教孩子以前，一定要首先管好自己的情绪。

遇到压力及时排解

职场妈妈在生育以后，面对的是家庭角色和社会角色的转换，自然要承担一些压力。这些压力对职场妈妈的健康和情绪都产生了很不好的影响，所以职场妈妈遇到压力时应该及时排解，为自己营造一个健康的身心。那么，职场妈妈应该如何为自己减压呢？以下是5个锦囊：

锦囊之一：女人该有女朋友

有可以谈心的女性朋友是非常美好的，因为那种“三姑六婆式八卦的闲聊”是非常有作用的减压方法。几个暂时不顾端庄优雅形象的女子，在狂笑得东倒西歪、眼泪直流之后，心情是非常畅快的。当有人理解照顾孩子的苦，有人知道工作的累，有人明白小腹凸出、胸部下垂带给我们的恐惧，体会过被老公和孩子气得半死的伤，那种轻松和释然，不是家庭里的任何人能够给予的。所以职场妈妈绝对不能以自己的家庭、事业繁忙为由，将自己封闭在家庭的小空间里，一定要用开放的眼光接纳自己和身边的人，也应该多给自己找几个可以谈心的女朋友。这样，在自己感到很紧张、很焦虑的时候，可以很容易地找到一个倾诉的对象，而且朋友能给予很多具体的帮助，这些可能都是在家庭成员能力之外的。

锦囊之二：对自己有正确的期许

在针对职场妈妈的一项调查报告中发现，职场妈妈面临职场和家庭的双重挑战时，最大的障碍就是不知道应该怎样处理挫折和失败。而引起这些焦虑情绪的主观因素来自于个体认知偏差和挫折承受力较差两个方面。

这份报告让人忧心的是，调查结果显示有40%以上的职场妈妈倾向于把失败的因素推给外界，认为自己遭受挫折是因为“职场歧视妈妈”、“没有遇到理解职场妈妈的好上司”、“孩子太不听话了，完全不了解妈妈工作的辛苦”等方面的影响，完全没有意识到自身的不足以及自己处理家庭与工作的方法可能不得当。遇到事情不能从自身找原因，而把责任推给其他，但是自己又没有能力去改变环境、改变其他人，于是对现实的失望会越来越大。

相信自己，对自己的期许很高，对于职场妈妈来说是一件好事，因为这能维持我们积极而又乐观的心态。但是如果期望值与现实之间的落差很大，或者近于偏执地自满，那么内心深处对自己失望的结果就会转化为责怪他人和环境的借口。所以，职场妈妈应该对自己有正确的期许。了解自己，才能更好地协调工作和家庭之间的矛盾，不把工作和孩子当成是人生的负担。

锦囊之三：自我意识各种压力

遇到压力时，自己的心理会有不同程度的紧张和焦虑。职场妈妈可以将一些能够让自己情绪波动很大的事件记录下来，比如孩子生病、经常加班等等，然后逐一思考：这些压力会带给我什么样的影响？如果自己不去处理，会产生的最坏的结果是什么？当职场妈妈把最坏的结果记录下来之后，会发现很多事情并没有我们想象中那样可怕，这样职场妈妈在面对这些事情的时候，才会恢复勇气和自信，也会在一定程度上减少压力。

锦囊之四：进行积极的自我暗示

压力会让职场妈妈产生很多负面的情绪。比如我们拖着疲惫的身体回家了，可是孩子却一直纠缠着妈妈，让妈妈给他讲故事。这时，我们可能会觉得非常的烦躁，认为孩子特别不听话，一点儿都不理解妈妈的辛苦；老公也不负责任，不能分担自己的压力。但是如果换一个角度去想，孩子抱着我们不放，证明他跟妈妈的感情很好，在他的心里，妈妈是无人能够替代得了的。这样一想，职场妈妈的心情可能就得到了转换，变得轻松、愉快起来。

职场妈妈感觉到有负面情绪产生的时候，可以经常给自己一些积极的心理暗示。比如可以在心里默念：“我会是一个好妈妈”、“我能做得更好的”、“我的心情会越变越好”等等。当一个人接收到更多积极的信息之后，对负面的关注就会降低，情绪也会逐渐变好。

锦囊之五：为自己建立一个低潮时的支持网络

家人往往是我们最大的精神后盾。如果觉得自己照顾孩子有些力不从心，难以同时应对工作和孩子之间的需求，可以向妈妈或者婆婆求救，多跟她们沟通，寻找更多解决问题的方法。也可以经常跟老公谈谈自己的烦恼，把心中的不满和压抑都宣泄出来，有利于情绪的排解和缓解压力。

改变自己的思维，用乐观的态度看问题

几乎所有的职场妈妈都会在心里深深地谴责自己：没有更多地守在孩子身边，无限羡慕那些不用上班整天都可以陪在孩子身边的全职妈妈。她们觉得自己对孩子的照顾不够，不是一个合格的妈妈，让孩子的生活里缺少了妈妈的温情和体贴。可是，不管职场妈妈有多么地自责，每天都必须要收拾情绪，回到残酷的职场中去做“战士”。

夹在工作和孩子之间的职场妈妈，如果对自己过于苛求，既在工作中追求完美，又要在孩子面前扮演一个完美无缺的妈妈，那么结果肯定永远都是让她们不满意的。过分地苛责自己，只会让自己变得焦虑不安，让自己的心情变得更加忧郁。妈妈们如果始终带着这样的负面、悲观的情绪面对生活，会在很大程度上影响孩子的安全感。试问，孩子如果整天都面对着一个忧郁的、闷闷不乐的妈妈，他们的内心又怎么会快乐起来呢？所以，职场妈妈应该学会放过自己，用开朗、乐观的心态去面对生活和工作中的一切难题。

月婵是一位职场妈妈，但是亲戚朋友都特别怕她，每次只要她一出现，别人就都想借故跑掉。他们之所以会怕她，是因为她看问题实在太悲观了，只要她一开口说话，一定会影响到别人愉快的心情。

比如，有一次，她带着孩子到亲戚家串门，亲戚见她儿子长得浓眉大眼的，特别英俊，就夸了几句。谁知道亲戚的话音刚落，她就满眼悲

观地说：“唉！就是因为他长得好看，我才更担心他。现在的孩子都特别的早熟，你看，初中生都开始谈恋爱了，要是长得不好看还好些，能踏踏实实地学习。但是长得好，以后就一定会心浮，如果再有女生追，就更不能好好学习了。以后我和他爸爸还不知道应该怎么给他遮羞善后呢！”亲戚听了她的话，顿时瞠目结舌。再看她的儿子，听了妈妈的话以后，满脸都是羞愧的表情，恨不得躲在妈妈的背后永远都不要出来。

在这样的影响下，孩子的性格一定会变得很自卑，那些明明可以让他自豪的优势，都因为妈妈的悲观而变成了让他难忍和羞愧的缺点了。

孩子的思考习惯虽然与他天生的气质有关，但其实更多是会受到养育他的人的影响。所以，妈妈看问题的态度，对孩子以后的性格形成有着至关重要的作用。如果职场妈妈总是用悲观的态度去看问题，孩子受其感染，也会养成这样的思考习惯。而且，如果一个人总是从悲观的角度看问题，只要生活中稍微有一些不如意，她就会变得自怨自艾，终日苦恼不堪。但是很多事情其实只要我们换一个角度，乐观地去看待，就能得到不一样的答案，获得不一样的感受。

据说，有一位很富有的70后妈妈，为了教每天都精神不振的孩子知福惜福，就让他到当地最贫穷的村落里住了一个月。一个月之后，孩子精神饱满地回家了，脸上并没有带着“下放”的不悦，让妈妈感到非常的不可思议。妈妈想要知道孩子有何感悟，便问儿子说：“怎么样？现在你知道，不是每个人都能像我们这样过得好了吧？”

儿子说：“是的，他们过的日子比我们还好。因为我们晚上只有灯，他们却有满天的星星；我们必须花钱才能买得到食物，他们吃的却是自己的土地上栽种的免费粮食；我们只有一个小花园，对他们来说到处都是花园；我们听到的都是噪音，他们听到的都是自然音乐；我看到我的妈妈每天都在为了繁忙的工作神经紧绷，但是他们那的人都是一边工作一边很大声地唱歌的。我知道妈妈经常会因为忧虑而失眠，可是他们那的人都睡得很好。所以，妈妈，谢谢你，让我知道其实我们可以过得更好。”

妈妈从悲观的角度出发，以为贫穷的山村就不会有任何的幸福可言，可是孩子从乐观的角度出发，看到的事物当中处处都充满了快乐。所以，职场妈妈如果感觉到自己的压力过大，生活中总是被悲观的、消极的思想充溢，眼睛里总是会看到不如意的事情，就应该改变自己的思维方式，积极地释放自己，用乐观的心态去看问题，我们才不会在繁重的工作中觉得痛苦不堪，才会在与孩子相处的过程中感受到乐趣，而不会把孩子当成一种负担。

给自己一些积极的心理暗示

“我很难过”、“我很辛苦”、“我不快乐”……这些都是很平常的话语，但是在心里面反复地念，就会产生很强大的负作用，所以职场妈妈应该从生活里面刨除这些词汇，多给自己一些积极的心理暗示。

刨除这些词汇，不是说我们一定要刻意掩饰自己的这种心情，而是说只要你的意识里面，想要刻意去摆脱某一样东西的时候，这个东西一定会死死地跟定你，你永远都摆脱不了的。比如，当你觉得职场妈妈是一件很苦的差事，既要顾及工作，又要照顾孩子，你每天的时间都不够用，然后觉得自己很艰辛的时候，你真的就会过上痛苦的生活。因为你的潜意识会引导你那样去做，在心理上和情绪上，你会觉得自己没有希望了，是一个没有办法摆脱痛苦的女人：得不到上司的赏识，同事不理解，孩子不听话，老公不支持，家人不能帮忙，反而经常会添乱……在这些消极悲观的心理的引导下，你会变得对生活越来越厌烦，整日情绪低落，焦躁不堪。

你希望自己过这样的生活吗？当然不。谁不想自己过得舒服快乐呢？可是，当消极的思想占据了职场妈妈整个的潜意识的时候，我们就是没办法做到。因为潜意识会把你内心里反复咀嚼的话语变成一种信息，传递给你的大脑，让它按照你的想法去安排你的生活，刺激你的情绪。所以，我们要这样跟自己讲：“我的生活很快乐”、“现在的工作很好，我完全能够应付”“跟孩子在一起的时候，我感觉特别幸福”、“我的家庭和睦，这种生活就是我最想要的，我感觉非常满足”……这些正向的、积极的概念给你的潜意识带来的影响、自我暗示也是积极的。只有意识和潜意识达成了一致，你的内心不存在对抗，也就是没有了正面的和负面的信息的双重碰撞，那么你的潜意识也就无法抛开正面的信息，将生活引入不好的一面。

举个例子来说，有一位职场妈妈，今年39岁，既要照顾老公和一个6岁的女儿，又要忙于工作。可是，最近她得到了晋升的消息，开心得不得了。同事们在分享她快乐的同时，也不禁八卦地问一句：“你老公高兴坏了吧？又要忙工作，又要照顾孩子，能有这样的成绩，不容易吧?”她夸张地做了一张鬼脸，表示老公狂喜的程度。

她告诉同事说，孩子刚出生的时候，她几乎每天都在为自己应该怎么做才能照顾好孩子而发愁。等到产假休完了，回到了工作岗位上以后，她几乎每天都背负着双重的压力。工作的时候，担心孩子在家里会不会觉得不舒服，在家的时候，又为不能全身心地投入到工作中而自责。

这样持续了一段时间以后，她发现自己身心俱疲，已经没有更多的精力可耗费了。她觉得自己再也不能这样生活了，不然会既丢了工作，又照顾不好孩子的。于是，她开始尝试着改变自己，逐渐地学会享受生活并且认识和喜欢自己了。这时候，她发现自己原来没有想象中那么差劲，在工作上，自己是没有找到更好的方法；在照顾孩子方面，其实如果自己不那么紧张，孩子完全可以过得很快乐。

由于心情释然了，她不再诚惶诚恐，也不再自怨自艾。她学会了享受生活，享受和孩子相处的时光，也能在繁忙的工作中获得前所未有的满足感了。最重要的是，她学会安静下来倾听自己的声音。她越来越开心，也越来越有活力。由于工作的努力，她获得了领导的认可，得到了晋升的机会。但是她没有因此而感受到任何的压力，反而相信自己会越做越好，家庭也会越来越幸福。

生活中，可能其他的职场妈妈没有等到相同的晋升机会，但是我们要学会选择生活，选择给自己更多的积极的心理暗示。因为人的思想行为不可能一切都要有意识地选择和控制，往往是通过经常持久的暗示而产生意识。暗示能使人的意识里面最具力量的意念转入潜意识，成为潜意识的一部分。每一个人在自己的一生中都会受到暗示的巨大影响，其中有好的暗示，也有不好的暗示，关键是要用一种积极的眼光来看待问题，并从中找到积极的力量去解决问题。

无视自己的负面情绪，会让孩子和工作都跟着遭殃

每个人都会有负面情绪，职场妈妈也不例外。

我们的情绪总共有 7 层，最低的那一层我们称它为 die，就是“死”。这个死不是指生理上的死亡，而是“哀莫大于心死”，意思是说这个人对什么事情都没了兴趣。有些职场妈妈压力很大，长期排解不出去，到了最后对孩子也失去了耐性，对工作也漠不关心，还会严重影响到夫妻生活。她们的人生了无生趣，每天都是很机械地做着每一件事情。这是最低的一层。再往上一层，我们称它为无所谓，她也会去做一些事情，比如会主动和孩子做游戏，参加公司里举办的各种舞会等等，但是她不享受。她是去做了，比如她陪在孩子的身边，给孩子讲故事，

跟孩子一起做着各种各样的手工，孩子向她讲在幼儿园里发生的事情，她也都听了，但是她总是表现得很冷漠，而且经常心不在焉，因为她不享受这个过程。

无所谓的上一层，我们称它为恐惧、害怕。这个害怕不是说真的遇到了让人恐惧的动物，蛇或者是老鼠等等，也不是说真的遇到了鬼，而是害怕自己不配拥有，担心因为现在的拥有而引起将来的失去。比如说，有一位职场妈妈，她因为工作很努力，在公司里表现很好而被升职了。领导很信任她，同事也都很支持她，所以她的工作开展几乎是顺风顺水。但是她会觉得心慌，会觉得自己会不会太顺利了，太顺利的人往往会得意忘形，自己会不会有一天因为一个不小心的疏忽就失掉这一切？她会怀疑，觉得领导对自己的看重是不是只是一个很短暂的过程，一旦自己做错了事情之后，就会失去所有人的信任？所以她会不停地试探，对领导的、对同事的，等到有一天周围的人都被她的怀疑和恐惧折磨不堪的时候，她会想，果然，你们是不相信我的，而我也真的不配拥有这些。所以，在她还没有被公司辞退以前，就主动辞职了，因为她害怕自己要经历被辞退的尴尬，不想让自己被伤得更深。

对待孩子也是一样的。孩子现在很懂事，很听话，她会担心以后孩子会变得叛逆、反抗，从而伤了她的心。所以经常会出现这样一种情况，一方面她想要对孩子付出，想要给他最完整的母爱；另一方面又害怕自己以后会受伤，对孩子稍微好一点，就觉得自己不值得。以后一旦孩子对自己不好，今天的所有付出都将会让自己后悔。所以她每天都在挣扎，不知道应该怎么样去面对孩子。

不管是心死、无所谓还是恐惧，都是非常消极的、负面的，一旦有这样的情绪产生，我们一定要努力排解，或者找专业的心理医生治疗，而不能让其无限扩大，影响到自己和孩子以后的生活。

恐惧再往上一层，也就是第四层，是生气。生气是一种行为，也是一个非常重要的临界点。因为你的情绪从这一层开始，都是可以自我排解、自我疗愈的。工作不顺心、孩子不听话、老公不理解、婆婆不支持等等，出现不顺心的事情或者事情不能尽如自己安排，你可能会觉得很难受。这个时候，你要允许自己生气，要允许自己发出生气的声音，然后才能感受到情绪上面的几个层次：有勇气，敢做，做了之后你才敢负责任。这是我们情绪的7个层次，但是我们不要以为，应该一直让情绪都停留在有勇气阶层之上，只保持积极的心态，而对负面的情绪无限期地压制。不，这样你会生病的，我们要允许自己有的时候很积极，有的时候也会很消极。这样，我们的情绪才能保持在一个很健康的状态里。

现在有一个新名词，叫做“女强人症候群”。它指的是那些身兼数职的职场女性，明明自己已经被压力弄得快要垮掉了，还要求什么事情都要做到完美：照顾孩子要尽心尽力、工作上要表现出色，还不需要任何人的帮忙。她们从来不肯示弱，把所有的压力都扛在自己的肩膀上，要求自己做一个完美的女人。但是，这样的做法并不合理，因为她会一直要求自己把情绪限定在积极的层面上，压制或完全无视自己的负面情绪。

其实在生活中，我们完全没有必要把自己架得那么高，你要允许自己有负面的情绪，也要允许在出现负面情绪时，给自己做积极的引导，使自己不要长期地停留在那个状态里。所以，如果你觉得自己的情绪很焦虑，或者有一点点的生气，不要总是强迫自己马上安定下来，一定要表现出不生气、不焦虑的样子，这样你会生病的。你要看一下自己为什么会觉得不安、焦虑，为什么会生气，要允许自己有这些负面情绪，并且给自己一段时间把这些情绪发泄出来，这样你才能很顺利地进入到积极的层面中去。

所以，不要像是要求神一样地要求自己，把自己逼进完美的境界里，或者不要让自己变得百毒不侵，任何负面的、消极的情绪都无法在你的身上体现，那样是非常不健康的，孩子和你的工作都会跟着遭殃。

坦白自己的糟糕感觉其实是一种释放

如果你每天都会为了兼顾工作和孩子的事情忙得焦头烂额，觉得自己身心俱疲，心理压力很大，可能对你最好的建议就是不要遇到什么事情都死扛，要敢于承认自己的糟糕情绪。

承认自己的糟糕，不是说你要给自己贴上一个标签，整天暗示自己说“我什么事情都做不好”、“我可能没这份能力照顾孩子，也没有能力很好地完成自己的工作”、“我天生就是一个糟糕的人，即使再怎么努力，恐怕也没办法做到改变”……而是说，要敢于承认自己的情绪，坦然面对自己的情绪。

比如说，今天是周末，已经忙了一周的你，突然觉得很累，想要休息，那你就可以跟你的老公商量，看他是否能够帮助照看孩子，或者跟自己的婆婆讲，请她来帮忙，也可以直接告诉你的孩子“妈妈今天身体不舒服，你要听话，要做一个懂事的孩子，不要给妈妈带来更多的负担”等等。有时候职场妈妈之所以会那么累，是因为自己不懂得承认自己的糟糕，从来不顾及自己的身体状况是否已经产生了负面情绪，她们会把所有的事情都扛在肩上，已经习惯了一个人坚强地面对一切。但是，如果你始终都表现得那么坚强，那么能干，你很可能会培养出一个很不能理解妈妈的孩子和一个永远都不懂得心疼自己的老公。

男人会变成什么样子，决定权往往在于女人。男人是有很强的保护欲的，如果女人表现得很柔弱，他的保护欲望就会被激发出来，心里会总想着是不是应该为她做些什么，分担她的负担。可是如果女人表现得很强，什么事情都能做得很好，孩子能自己一个人照顾，工作能做得很好，总是很坚强，即使遇到很大的困难，也咬紧牙关，不肯认输，不肯承认自己的糟糕情绪，那么男人会觉得这个女人什么事情都能自己搞定，她根本就不需要他，所以他会自我减轻自己的责任。

孩子也一样。如果妈妈很强大，不管自己怎么闹她都能应对自如，那么孩子会变得对自己更加放纵。但是如果他能感觉到妈妈已经很累了，或者妈妈的情绪不好，他会对妈妈有一份体贴在里面，减少调皮的次数，或者可以自己一个人玩游戏，尽量不去吵妈妈。实验证明，两岁左右的孩子就已经开始懂得心疼妈妈，3 岁左右的孩子会在妈妈生病或者情绪不佳的时候，想要为妈妈做些什么事情来缓解妈妈的痛苦。所以，如果自己的状况真的很糟糕，不用刻意去隐瞒，把它表现出来，对孩子或者丈夫坦承，会是一个最好的选择。

坦承自己的糟糕感觉其实是一种释放。人的身体和心力不可能随时随地都处于满分的状态，肯定会有消沉和萎靡。出现了这一状况，就需要进行缓解，需要有短暂的一个调整，如果我们一直坚持，可能这种低迷的状况会一直跟着我们，持续很久。但是如果我们坦然面对它了，积极地做了一些调整，及时地缓解自己的压力，可能在很短的时间内我们就能恢复以往的青春和活力。所以，如果你感觉到自己的状况很糟糕，不要有所隐瞒，把它直接说出来。因为如果你不这么做，原来你的糟糕情绪只有 3 分，后来就会逐渐变成 5 分、6 分甚至 7 分，因为你一直在压抑它。

所以我们一定要承认，自己是有情绪的，自己可能会有挫败感，感觉很糟糕。只有当你有情绪的时候，觉得自己烦躁不堪、身心俱疲的时候，坦然地面对它，你承认自己的这一种感觉，并且想办法去排解，去解决，才能把自己的这个恶性循环的圈子给截断。不然的话，你会一直陷入一个糟糕的状态里，在这个恶性循环里面出不来。那时，不管是你的家庭还是你的工作，都会受到很大的影响。所以职场妈妈无需把自己装扮得很强大，自然地展现你自己，就是最好的生活状态。

你需要独立于孩子和工作之外的精神生活

有一句话说，如果爱，就要爱上它的全部。职场妈妈经常会把这句话演化成“如果我爱你，我就会把你变成我的全部”。所以孩子和工作几乎占据了职场妈妈的整个世界，除此之外，她们几乎没有其他的生命支点和精神生活。

但是如果我们把所有的热情和焦点注意力都集中在一两件事情上，一天 24 小时，脑子里只循环反复这一两件事情，而且你所关注的事情又总是会让你陷入紧张的状态，那么时间久了，你就会觉得疲惫不堪，甚至会产生想要逃离的感觉，这就是心理学上的“遁逃”——当你的心理承受不住因为长期关注某一件事情而产生的紧张和压力时，会自然而然地想要从这件事情当中摆脱出来。可是，工作始终要做，孩子也依然需要我们的照顾，不管我们多么想逃，始终摆脱不了自己的责任。唯一解决的办法就是给自己的生活保鲜，寻找一些除了孩子和工作以外的精神生活。

首先，职场妈妈不要做“孩奴”。现在很多年轻人在有了孩子以后，拼命地想要给孩子最好的东西，送他去最好的学校。孩子开销一旦增大，超出了自己生活的实际水平，就会让我们觉得肩膀上压着一座很沉重的大山，做什么事情都会失去兴趣。日子需要计算着过，想要出去旅行，没钱；想要去看场电影，也要精打细算。时间久了，自己对生活的那份激情也都磨没了，只剩下了工作、赚钱、供孩子。人不是机器，是有感情的，是需要抒发情绪的，如果我们每天都被一种沉重的负担压着，不得不重复单调、乏味的生活，让自己变成一个只会工作的机器，那么你觉得自己的生活还有快乐可言吗？所以，职场妈妈要拒绝做“孩奴”，对孩子的消费要根据自己的实际生活水平而定，千万不要超负荷运转，凭空给自己增添很多负担。

其次，如果你的工作压力太大，就要暂时停下来。在疲惫的状态下，回家连话都不想说，孩子扑向你的怀里吵着要听故事的时候，你都懒得理，始终处于这种状态，慢慢的亲子关系就会出现危机，也会影响到正常的夫妻生活。所以，感觉到太疲惫的状态出现的时候，一定要让自己停下来做好休整。

就像徐扬一样，前一段时间，她跟单位请了几天假，把孩子送到了婆婆家，自己一个人去了丽江旅行。她的朋友们知道以后，很多人都给她发信息说：我真的好羡慕你，能够放下孩子、放下工作去做自己想要做的事情。但其实这些事情是每一个职场妈妈都可以做到的，没有哪一个人不可以。只要你懂得取舍，可以放下一些东西。

生活是一种选择，不是 A 就是 B。如果你每天都只想着工作和孩子，觉得一旦放下了他们，可能就会出现大问题。其实不是工作和孩子会有什么问题，只不过是你自己过不了自己这一关。因为你没办法割舍，所以当疲惫袭来的时候，你也只能任由自己在这样的状态里挣扎。但是如果说真的能够放下，也不过就是有一个短暂的休假，离开了孩子几天，没有去工作而已。等你回来的时候你会发现，孩子依然是好好的，工作上也顶多忙几天。可能一个星期都不到，所有的事情都会回到原来的轨道上，就像你不曾离开一样。但是你的身体、你的心理都得到了一个很好的休息，你的状态会比以前好很多。

另外，由于有其他事情的加入，我们的精神生活也会变得丰富，不会因为过于单一地注意孩子和工作，而让自己的情绪变得紧张，相对来说压力也会减弱。所以除了孩子和工作以外，我们需要找到其他的生命支点，来让繁重的生活负担得到一个相对的缓冲。

第七章　职场妈妈怎样说，孩子才会听

小调查：如果你是孩子，你会怎么反应

你需要把自己想象成一个孩子，在听妈妈对你说话。你要仔细体会这些用词，把自己的感受写下来。（也可以让别人把这些话念给你听，你闭着眼睛感受，之后作答。）

1. 命令

“马上把玩具整理齐，快去!”

“快去把垃圾倒掉!”

“帮我把手机拿过来，快点!”

如果我是孩子，我的感受是：

2. 责备和问罪

“你又在墙上乱画！怎么总是这样？……到底是怎么回事？你除了捣乱，就不能做点儿好事吗？……告诉你多少遍了，想画画的话，就找一个练习本，你从来都不听。”

如果我是孩子，我的感受是：

3. 说教

“你觉得从妈妈的手里抢东西，做得对吗？你不知道好的行为习惯有多重要。你必须要明白，如果你希望别人对你有礼貌，前提是你必须

先对别人有礼貌。你是不是也不愿意别人从你的手里抢东西？如果你不希望，你就不应该这么做。己所不欲，勿施于人。”

如果我是孩子，我的感受是：

4. 谩骂

“看看你吃饭的样子！真恶心！”

“你看看你，这么简单的题都不会做，笨死了！”

“你是猪吗？你看看你这房间弄得，简直就是个猪窝。”

“每次出门都得等着你，慢慢腾腾的，什么事情都做不好，跟个废物似的！”

如果我是孩子，我的感受是：

5. 讽刺和挖苦

“明知道明天要交作业，你还把作业本弄湿了，你真聪明！”

“今天就穿这个——外面零下几度，你就穿一件夹克，还真是‘美丽动（冻）人’啊！”

“你以后一定是一个比齐白石还厉害的画家，人家画马都是四条腿，你画马都是三条腿，不是天才是什么？”

如果我是孩子，我的感受是：

6. 威胁

“再不听话，我就让你爸爸收拾你！”

“我数三下，你还不能停止哭，我就把你丢下，再也不要你了。”

“你要是不把口香糖吐出来，我就到你嘴里把它抠出来。”

如果我是孩子，我的感受是：

7. 比较

“你怎么不能像隔壁的松松那样懂事呢？”

“莉莉多聪明啊，这次考试又得了满分，哪像你！”

“你怎么不能像瑞瑞那样穿衣服呢？他的衣服总是很干净、整洁，看起来让人很舒服。”

如果我是孩子，我的感受是：

8. 抱怨

“都是因为你，我头发都愁白了。”

“等你们当了父母之后，你们就会知道养你们这样的孩子有多闹心了。”

“别哭了，整天哭哭啼啼的，你就不能让我省心一点。”

如果我是孩子，我的感受是：

9. 警告

“小心，会烧着你的！”

“看着点儿路，别让车撞到你！”

“多穿点衣服，要不会感冒的！”

“你想从上面摔下来吗？爬那么高！”

如果我是孩子，我的感受是：

10. 预言

“你从来都不会替别人着想，长大以后也是个自私鬼。”

“做什么事情都不想想后果，你这样是不会有出息的。”

“现在就这么不合群，以后也不会有什么朋友，你就得一个人孤独到老。”

“受一点儿委屈就知道哭，也不知道坚强一点，我看你二十几岁的时候也得整天哭鼻子。”

如果我是孩子，我的感受是：

现在，你知道了孩子的感受，以及他们在听到这些话之后可能产生的反应，你还会这样说吗？职场妈妈，你知道应该怎样说，孩子才会听吗？本章将会为您介绍。

孩子不听话，职场妈妈应该怎么说

妈妈说东，孩子就说西；妈妈说不许做，孩子偏要做给妈妈看……孩子看起来好像是存心要跟妈妈作对。如果妈妈坚持自己的原则和观点，劝说孩子听话，孩子就会又哭又闹，折腾不休，直到妈妈完全妥协为止。为什么孩子会这么不听话，难道就没有什么办法能够让孩子听进去父母的劝告吗？我们可以看一个例子：

一天，妈妈要带着小羽去逛超市。小羽显得异常的兴奋，因为他不仅能够跟妈妈一起出门去玩，还将有可能在超市里获得一堆美食。为了表达他的兴奋之情，他大喊大叫，甚至穿着鞋子在沙发上打滚，但是他又怕妈妈看见了责怪自己，所以尽量在穿衣服、刷牙等小细节上克制住自己，希望能够做得像往常一样。

可是，孩子毕竟是孩子，再多的努力也掩盖不住他们的内心。他的异常表现还是被妈妈看穿了，于是，妈妈在与他一起去超市的过程中，给他加上了很多否定的字眼。

“行了，别高兴了，多大点儿事，跟没见过世面似的。”

“你还磨蹭什么啊？没听见妈妈跟你说的话吗？快走啊！”

“什么东西都想要，一年光养你就能把我累折腰。”

“不是告诉你到了超市以后不要到处乱跑吗？你就是不听话！”

“妈妈让你不要做什么，你偏偏要做什么，你就是一个小冤家！”

倘若在毫无心理准备的情况下，沉浸在兴奋情绪里的孩子听到这些话会有什么样的反应呢？妈妈每天都在强调不同的规则，但是在孩子看来，那些不过是一些没完没了的唠叨，他们可不愿意因为妈妈的否定和禁止而影响了自己的好心情。

如果孩子第一次听到妈妈对自己的劝阻，也许还会乖乖地听话，争取做一个妈妈眼中的好孩子。可是妈妈说得太多，自己不管怎么做都没有办法满足的时候，他们就会把妈妈的话当成是耳边风。况且有些天生活泼好动的孩子，本身的记忆力有限，对于他们而言，忘掉妈妈的嘱咐只不过是眨眼之间的事。如果是这样，妈妈每隔一段时间就重复一遍以前的话，孩子在妈妈的话还没有讲完时，就会觉得“又开始了”、“每天都是这样”、“干脆就当成是耳旁风吧”。所以，妈妈在与孩子沟通的时候，要讲究方法，不要将自己的坏情绪直接表现给孩子看，也尽量不要用否定和命令的语气。我们可以尝试着用看似毫不在意的语气引导孩子的思维，让他们自己作出正确的判断，并将之付诸行动。例如我们可以给孩子提个醒，这样大部分孩子都能明白妈妈的意思，并且开始思考自己的行为是不是不得当，是不是在某方面需要做一些适当的改进。

另外，我们还可以尝试一些其他让孩子愿意接受的交流方式，让孩子心甘情愿地接受父母的建议。

1. 顺势诱导

孩子认死理，认准了一件事情就很难改变，但是我们可以利用顺势诱导的方式，改变他们的想法。比如，孩子总想一个人往楼外跑，我们完全可以采取柔和的方式，把楼门打开说：“你出去吧，出去了以后，一个人找不到家，爸爸妈妈也找不到你，你就会成为一个无家可归的孩子了，再也没有那么多新衣服可以穿，也没有零食可以吃了。”只有顺着孩子的想法，让他接着当前的事情想象为什么不能这么做的原因，他们才会更愿意接受。如果职场妈妈非常强硬地想要把孩子从当前的事件拉出来，那么孩子只会变得越来越排斥妈妈的想法。

2. 利用变通的方式，投其所好

同一件事情，我们能够找到很多不同的方法来处理。换一种方式，也许孩子对家长的对抗态度就会取消。比如，孩子一直穿着鞋子在床上滚，我们可以用其他的游戏吸引孩子的注意力，让他在游戏的兴趣里中断弄脏床单的行为。

3. 共情的方式

孩子虽然小，也需要大人的理解。如果大人能从他们的角度出发，表示对他们的理解，他们会更愿意接受大人的意见。拿吃糖这件事情举例，孩子吵着闹着要吃糖的时候，如果我们不是用强硬的手段进行制止，而是温和地跟孩子说："想吃的东西却吃不到，一定很难受吧？妈妈其实也很想让你尽情地吃个够，可是你的牙不好，如果现在妈妈让你吃了，以后你就什么好吃的都不能吃了，别的小朋友吃蛋糕的时候，吃你最喜欢的汉堡的时候，你就只能在一边看着了。那多可怜啊！所以咱们先忍一忍，别吃糖了，跟妈妈一起去吃草莓吧！"给孩子一种其他的替代品，他也许就会放弃自己的想法，听从妈妈的意见了。

工作再忙，也要和孩子多沟通

一天24小时，职场妈妈把大部分时间都用在工作上了，跟孩子沟通的时间自然就有所减少。可是沟通是家庭教育最主要的手段。我们如果想亲子关系和谐，能够和孩子成为无话不谈的好朋友，那么跟孩子保持沟通是非常必要的。因为通过沟通，职场妈妈能够及时发现和了解孩子的心理问题，能够及时地给予正确的引导，这样才能更有利于孩子的健康成长。

在家庭关系中，亲子关系较好，家长和孩子之间的沟通顺畅，孩子往往不需要父母的督促就会主动地学习、上进，会更懂得体贴父母，尽力做好力所能及的事情。可是如果家长和孩子之间的互动不好，亲子关系相对紧张的家庭，不管父母采取的是怎样的教育方式，最终的结果都是"恨铁不成钢"。不是孩子笨，而是因为孩子有心结，由于跟家长之间的沟通存在问题，亲子之间存在一定的障碍，从而让他产生了逆反心理。

举个生活中的例子：

晚上，林飞从奶奶家回来。刚进家门，她就迫不及待地寻找妈妈的身影。可是妈妈根本没像往常一样，坐在饭桌前吃饭。她的表情有些失望。可是，只一瞬间她的眼神又亮了起来，满脸笑容，高兴极了。因为她透过半敞开的书房的门，看见妈妈正聚精会神地对着一台笔记本电脑忙碌着。

遗憾的是，由于妈妈的注意力太集中，丝毫没有注意到孩子。当林飞兴奋地跑过去，扑进她的怀里时，她有些不耐烦地说："别动，你没看见妈妈在忙吗？你一过来，我的思路全被你打乱了。"林飞却不情愿从妈妈的怀里出来，撅着嘴说："妈妈，你都忙好几天了，我们都没有聊天的时间了。我有好多好多话想跟你说，你能停一会儿吗？""不行，你听话，不要打扰妈妈，不然妈妈就不喜欢你了。"林飞无奈，只好从妈妈的身上下来，跑到一边找奶奶玩去了。

这样几次下来，有一天妈妈提前下班，回家的路上顺便去接了林飞。妈妈边走边问："你今天有什么开心的事情吗？之前你一直吵着妈妈，让妈妈听你说话，今天讲给妈妈听好不好？""不好，我没话要跟妈妈说了。"妈妈以为孩子只是一时的情绪，也没放在心上。可是慢慢地，她发现每一次跟孩子说话的时候，孩子都会用"不告诉你"或者"不想说"来回复她。

从这个例子当中我们可以看出，林飞的妈妈其实是非常不注重跟孩子之间的沟通的，尤其是在工作忙的时候。即使是孩子非常希望能够跟妈妈做亲子互动，但是她一直都是拒绝的状态。时间长了，孩子自然会跟妈妈保持距离，对与家长之间的沟通发生抵触，觉得跟妈妈无话可说了。

这其实是家长的一种悲哀。因为孩子想什么，面临怎样的问题，我们将会变得一无所知。英国教育家斯宾塞说："孩子的内心世界就像一个藏满秘密的盒子。在这个盒子里，有动物，有人物，有梦境，有情绪，杂乱无章地塞在里面。如果不经常打开来看看，有一天当你不经意地打开时，也许会从里面跑出来一只老鼠，吓你一大跳。"孩子的心里总有很多稀奇古怪的想法，尤其是如今的社会，给孩子提供了更多了解外界信息的途径：报纸杂志、广播电视、互联网等等，所以现在的孩子无论是生理方面还是心理方面，都要比以前的孩子早熟。虽然他们了解了一些事情，但是还不足以有能力做出正确的理解和分辨，这就需要我们经常去跟孩子沟通，及时掌握他们的想法，并且给予正确的引导。

所以，不管工作有多忙，职场妈妈都要抽出时间多跟孩子沟通，这样不仅能够促进与孩子之间的关系，而且在良好的亲子关系的基础上去教育和鼓励孩子，也会更加容易对孩子的心理和行为产生正确的引导。

职场上的不顺别对孩子抱怨

职场中谁都不能避免压力，谁都可能会因为工作的不顺或者领导的不理解而变得心情不愉快，这是职场妈妈最容易遇到的情绪上的问题。可是，职场中有再多的不顺，也不应该跟孩子抱怨。因为坏事总比好事更容易让人印象深刻，尤其是成长中的孩子，他们的特性是只会记住刺激性强或者自己印象颇深的事情。即使你因为工作的不顺心，只在孩子面前发过一次脾气，孩子的印象中也会觉得你是一位充满抱怨的母亲，以往所树立的温柔、亲切的形象也会荡然无存。

由于孩子的年龄尚小，不懂得思考事情的因果关系，只会将所有的事情都跟自己联系在一起。他们不了解外边的环境对妈妈的情绪会产生什么样的影响，也不了解职场竞争机制的残酷，如果妈妈每天回家之后都跟孩子发牢骚，说工作有多劳累，在办公室里有多受委屈，从而迁怒于孩子，孩子会很自然地认为妈妈的疲惫是跟自己有关的，妈妈之所以会发脾气、抱怨，也是因为自己的表现不好。他们会因此产生自我怀疑，觉得自己根本就毫无用处可言，本不该降临到这个世上。

雨嘉的妈妈因为她作业没有按时完成而大发雷霆，先是说孩子如何不用功，一步一步延伸到她的毛病都是从他爸爸那里遗传过来的，所以连爸爸都受到了牵连，被妈妈数落了一通。然后，妈妈又哭诉说自己如何的不容易，每天在单位里都受委屈，工作不顺心，但是不管怎么不容易都必须要忍住，就是为了这个家，为了雨嘉。雨嘉的情绪从没完成作业的自责，渐渐转化为痛苦和厌烦，最后她实在按捺不住自己，忍不住大声问妈妈："如果我的存在让你那么痛苦，你开始为什么还要生下我？我没想来到这个世界上，是你把我给生下来的，生完我还烦我，我到底要怎么样？"妈妈简直不敢相信自己的耳朵，她怎么都不敢相信，孩子会这么跟她说话。但是雨嘉之所以这样情绪激动，是因为觉得妈妈的痛苦根源都在于自己，如果自己不存在了，那么妈妈的痛苦也将不存在。如果孩子有这样的想法，很容易会自暴自弃，甚至产生轻生的念头。

所以，职场妈妈一定不能动不动就因为在工作上的不顺心迁怒于孩子，也尽量不要把在工作上的不顺跟孩子抱怨。为此，职场妈妈应该首先摆正自己的心态，不要认为既要工作又要照顾孩子是一件多么委屈的事情，也不要认为养育孩子自己就失去了很多的机会。为孩子做的每一件事情，都是当妈妈的应该做的，如果我们总是联想到自己有多么不容易，经历了多少难处，那么生活将会变得更加痛苦，孩子也会因为我们的负面情绪而变得不快乐。

5 岁的幼南最近一直闹情绪，每天早晨妈妈要出门上班的时候，他就哭闹个不停，妈妈怎么安抚都不管用。这一天，妈妈终于按捺住自己烦躁的心情，非常柔和地问他："宝贝，告诉妈妈，你最近是怎么了？为什么妈妈一上班你就哭呢？""我不想让妈妈去上班。"幼南天真地说。

妈妈看着他说："妈妈不上班，就不能给你买玩具，也不能给你买好吃的了，你应该乖乖地听妈妈的话。""可是妈妈上班会变得不快乐，回家总是摆着一张臭脸。我想要让妈妈笑。我可以不要玩具，也不要好吃的，等我长大了，我可以赚好多好多钱，给妈妈买很多的玩具和零食，妈妈你不要上班了好吗?"幼南稚嫩的话语，让妈妈感动极了，她不知道，原来自己在家经常抱怨在单位的不顺利，会对儿子产生这么大的影响，以至于他觉得妈妈每天去上班就是去受罪，才会每天都想办法阻止妈妈去上班的。

在为孩子的懂事感动之余，我们也应该反思一下自己，在家里，如果我们总是用情绪的灰暗面去对待工作、抱怨生活，就会引起孩子对妈妈工作的反感。孩子本身就不希望妈妈离开自己，如果他们觉得妈妈出去工作就是受苦，那他们会更加不愿意让妈妈出门。

所以，不管工作上有多么不顺心，都不能跟孩子抱怨。倘若这一天真的非常疲惫，我们可以将自身的状态如实地讲给孩子听，告诉他自己为什么不高兴，告诉他妈妈也需要休息，并尝试取得孩子的谅解。如此一来，孩子便会知道，妈妈发脾气、抱怨并不是因为讨厌自己，同时也会对妈妈增进理解，变得更支持妈妈的工作。

让孩子感觉到与你的平等

星期五晚上，结束了一周工作的静茹赶紧收拾东西，急急忙忙地往婆家赶——她已经一周没有看到她的不满5岁的宝贝儿子了。

到了婆家，她看到儿子正在和其他的小伙伴一起玩游戏，就亲切地问那个小朋友："你叫什么名字?"那孩子显然对这个不速之客不太欢迎，也为她无缘无故打断他们的游戏感到很不满，所以狠狠地瞪了她一眼。

“这孩子怎么这么没有礼貌！大人跟你说话，你怎么都不回答呢？”静茹批评那个孩子说，可是她的举动惹恼了自己的儿子。“妈妈，你走远一点，没见我们玩游戏呢吗？你打扰我们了。”

“你这个孩子，怎么跟妈妈说话呢？一定是被这个没礼貌的孩子带坏了，以后不许跟他玩了。”静茹很强势地想要把儿子抱回家，可是他很用力地挣脱了。

“你凭什么说我的朋友？之前你不是告诉过我，对别人要友善的吗？你这样随便批评别人，还不让我跟我的朋友玩，跟你教我的一点都不一样，你是个坏妈妈。”静茹听了，无奈地走进了屋子里，想一个人静静。也许真是被他奶奶惯坏了，静茹想。

她在儿子的卧室门口看见了一个大口袋，走过去翻看起来。谁知道她的儿子因为被妈妈破坏了情绪，也走进了屋里，刚好看到了这一幕："别人的东西不可以随便动！"但是静茹并没有听到，继续翻看着。这时，儿子冲上来大声说：" 你要是再随便动我的东西，我就打你！"同时冲着妈妈抬起了自己的小巴掌。静茹没有完全听懂孩子的话，但是她从儿子的动作中判断出了他的意思，恼怒地说："你真是越来越不像话了，一点儿规矩都不懂。"

就在母子俩僵持的时候，静茹的婆婆回来了，她告诉孩子说，这种粗鲁的行为是不对的。可是孩子理直气壮地对奶奶说："她不尊重我的朋友，随便动我的东西，还骂我！她之前就告诉过我，谁不守规矩就会挨打，现在是她做错了，我打她是应该的，我们是平等的。"

在生活中，很多家长都是高高在上地审视孩子，用我们的经验判断孩子，并且随意评价孩子，即使是因为自己的行为举动伤害到了孩子也经常不以为意。因为我们觉得我们是妈妈，妈妈有权利了解和掌控孩子的一切，所以定下来的规矩，我们会希望孩子能够完全地遵守，但同时又不以身作则，随意地践踏这些规矩。

可是就像静茹的儿子一样，很多孩子都没有权威意识，只知道定下来的规矩必须要人人遵守。所以当妈妈违反了规则的时候，他会用自己的方式发出警告，并且希望通过自己的能力来捍卫这些规则。尽管孩子可能用错了方式，但是我们要从中看到孩子单纯的心，而不能因此如临大敌，曲解孩子的意思。作为家长，如果想让自己定下来的规则起效用，能够让孩子听话，就必须要按照同样的规则要求自己，以身作则，用行动产生说服力，而不是用语言。最糟糕的情况是，我们一方面要求孩子遵守一些规则，一方面自己又打破了那些规则。“我们是大人了，能自己把控，无所谓。你们还是孩子，还没有把控自己的能力，所以很多事情都不能做。”很多职场妈妈会不停地跟孩子重复讲这些话，表面上看很有道理，孩子也没办法反驳。但是这种说法造成的效果非常不好。因为这实际上是在告诉孩子：某些特权，我有资格享受，而你没有资格。这会让孩子觉得他和大人是不平等的，他会意识到大人的强权，也意识到了大人和孩子是对立的。

理性上他可能想听妈妈的话，做一个乖孩子，但是不喜欢约束的天性又让他非常想随意地做事情，不被那些大人定下来的规则所束缚。这种矛盾会让孩子觉得很不舒服，而不舒服感如果经常刺激他，就会慢慢激化他与大人之间的矛盾，引起他对大人们制定的种种规则的强烈反感，所以孩子会变得越来越不听话。

所以在教育孩子的过程中，我们应该把自己放在一个跟孩子平等的位置上。进入孩子房间应该先敲门、移动或用孩子的东西应该得到他的允许、任何牵涉到孩子的决定应该先和他商谈、不要随意翻看孩子的日记、应该尊重孩子的所有权，把他当一个成人一样尊重。另外，我们还要跟孩子交朋友，诚心诚意善待那颗幼小的心灵，靠魅力去吸引他、引导他，而不是用压力让孩子屈服。

如何拒绝，孩子才肯接受

职场妈妈要学会对孩子说“不”，让孩子明白，不是他所有的愿望都能够被实现，如果他提出了不合理的要求，很容易会被妈妈拒绝。但是，有些孩子自由自在、无拘无束惯了，一旦遭到家长的拒绝，就会眼泪涟涟，哭得像个泪人似的。面对孩子的愤怒、反抗和耍赖，职场妈妈应该怎么办呢?

1. 从开始就亮出自己的底线

与其在让孩子看了半个小时的电视以后，耐不住孩子的软磨硬泡，又让他看了半个小时，还不如开始的时候就告诉孩子他可以看一个小时的电视。妥协只会让孩子变本加厉，让他以为只要自己吵闹个不停，就可以得到自己想要的东西，实现自己的愿望。所以，职场妈妈在教育孩子的时候，开始就应该亮出自己的底线，告诉孩子自己的容忍度在哪里，什么事情可以做，什么事情不能做。一旦孩子越过了这条底线，就将会受到严厉的惩罚。当孩子明白妈妈说一不二的作风之后，往往就不会妄图通过无理取闹达成自己的心愿了。

2. 对孩子的眼泪学会“冷处理”

如果孩子喜欢把眼泪当成武器，职场妈妈千万不要为了息事宁人，就什么事情都答应孩子，而应该学会对孩子的眼泪进行“冷处理”，即选择冷眼旁观，你哭你的，我不为所动。

一天，高培管妈妈要一辆玩具汽车，妈妈没答应，跟他说家里还有那么多玩具汽车呢，再买就是浪费了。可是高培怎么也听不进去，在商店里又哭又闹的。妈妈没有上前安慰他，而是一个人默默地走出了商店。高培见妈妈不理他，哭得更大声了，可是妈妈依然没有回头，径直往家的方向走去。高培见状，赶紧止住了哭声，跑出去追妈妈。直到追上了妈妈，才哇的一声又哭了出来："妈妈，你怎么把我一个人扔下了？你不要我了吗？"这时候，妈妈才蹲下来抱住他，安抚他的情绪，并且指出了他的错误，高培只好乖乖地照单全收。

学前的孩子，通常都会经历一个反抗期。这个时期，孩子不像以往那么听话，经常会跟大人闹别扭，叛逆性十足。对这一时期孩子的无理要求，职场妈妈应该给予适当的引导，而不应该使用家庭暴力。"冷处理"是一个不错的选择，孩子闹别扭的时候，先让他把负面的情绪发泄出去，等他冷静下来之后，再去跟他讲道理，会更容易沟通。

3. 做个"狠心"的妈妈

现在的孩子，被爷爷奶奶宠，爸爸妈妈爱，从小就生活在温室里，经受不住任何心理上的打击。如果孩子提出不合理的要求，妈妈还不懂得拒绝，而一味娇惯，孩子会变得越来越不独立。作为职场妈妈，在应该拒绝孩子的时候，应该克制住自己心底的温柔，克制住对孩子的心疼，做一个"狠心"的妈妈。让孩子知道，有些事情是他必须要面对的，有些心愿是无论如何都实现不了的，只有孩子接受了现实，并且懂得调整自己去适应别人了，才更有利于他以后的成长。

4. 话要说到孩子的心坎里，让孩子心服口服

拒绝孩子的时候，一定要让他们明白被拒绝的理由，知道自己错在了哪里。如果没有给孩子任何的理由，就强硬地拒绝了孩子的要求，即使孩子迫于家长的压力，表面上听从了妈妈的意见，心里也会产生抵触，觉得你是一个不讲道理的妈妈。向孩子说明道理的时候，一定要把话说到孩子的心坎里，让孩子心服口服。

拒绝孩子之前，职场妈妈一定要首先反省自己的行为，看这种行为是否合理。因为在孩子的成长过程中，必定会犯很多的错误，我们如果不给予他们这样的机会，就是剥夺他们学习和成长的权利。如果孩子兴致勃勃地要探索这个未知的世界，职场妈妈却一味地阻止，不停地拒

绝，那么孩子一定会形成缩手缩脚、不敢面对问题的性格。

所以，一定要尊重孩子，了解孩子。弄清楚孩子在作出这样的选择时，是出于什么样的心理，他们行为背后的动机是什么，职场妈妈才能正确地判断什么事情是应该拒绝的，什么是不该拒绝的。只有我们把孩子当朋友，用平等的态度去跟他们沟通，用他们能够接受的方式去跟他们交流，他们才会愿意跟家长敞开心扉，避免和减轻因为家长的管教而产生的逆反心理。

批评孩子的艺术

“现在的孩子太脆弱，我家的宝贝，做错了事情还不让人说。我刚批评他两句，他就哭个没完没了，弄得我都不敢说他。”

“孩子不好管，他把隔壁孩子的汽车弄坏了，我就说了他两句，他就一天没吃饭，也不说话，见了我就躲，弄得我都不知道怎么办才好。”

“这孩子特别有主意，不管我怎么说他都不听，每次我都得拿他爸爸吓唬他，他一点都不怕我。”

……

面对犯错误的孩子，职场妈妈的烦恼大体可以分为两个方面，一方面是怕孩子太脆弱，经不起批评，自己的顾虑太多，也不敢说孩子，唯恐一个不小心说了重话，伤了孩子的自尊心；一方面是在孩子面前树立不起权威，即使是批评了孩子，也不起任何作用，还可能会遭到孩子的质疑。所以，要从根本上解决对孩子批评的难题，我们应该做到以下几点：

1. 对孩子奖罚分明

批评孩子是一种教育的手段。为了让孩子记住这个教训，家长在批评的过程中常常会加施惩罚。可是，在教育孩子的时候，我们一定要做到赏罚分明，千万不要出尔反尔，让孩子弄错你的意思。

有一个小男孩，在玩耍的过程中与其他小朋友发生了争执，把对方推进了水坑里。妈妈知道了以后，狠狠地批评了他一顿。小男孩伤心地哭了起来，妈妈见状，特别心疼，赶紧去附近的商店买了小男孩最喜欢的跑车模型，才让他止住了眼泪。

这样的事情在生活中经常发生。我们是因为孩子犯了错误才批评孩子的，可是看到孩子伤心、难过，又会给他买各种礼物作为补偿。那样孩子很容易会混淆，误以为是家长表扬他犯错误的行为，或者是每一次受批评之后都能得到更多的好处。所以，一旦制定了规则，就要严格地执行；否则，以后所有的规则都将会被孩子打破。

2. 以身作则，确立在孩子心目中的威信

古话说："其身正，不令而行，其身不正，虽令不从。"如果想让孩子接受自己的批评，首先要让孩子对自己信服。可是很多时候，家长不注意自己的行为和态度，本身做着错误的示范，却要求孩子能够做正确，那在对孩子言教的时候，孩子就会不服气："你还不是这样，凭什么说我？"所以我们在要求孩子的同时，一定要严格要求自己，逐渐树立在孩子心目中的威信，这样在指正孩子错误、批评孩子的时候才能有力度。

3. 就事论事，不能以偏概全

一位职场妈妈是这样批评她的孩子的：

女儿放学回家以后，她发现女儿一直都闷闷不乐的。吃完晚饭，女儿突然跟她说："妈妈，我今天不小心把西西的芭比娃娃碰到水里去了，她让我赔给她。"她问："无缘无故，怎么会把别人的娃娃碰水里呢？你是怎么回事？"女儿低下了头："是我不小心，走路的时候摔倒了，撞到了西西，她没拿住，所以……"

"你看看你，做什么事情都不小心，三心二意的，就没有专心的时候。走路能撞到人，上课不专心听讲，考试也没能考回来一个好成绩，手工作业也不会做，每次都找你爸爸帮你，你以为瞒着我我就不知道吗？什么事情都做不好，你还能做什么？"

从这一段话里我们可以看出来，孩子犯错误的点是不小心把别人的娃娃碰到了水里，可是妈妈却从这个点扩大到了学习和手工作业的问题，最后说孩子什么都做不好。这种以偏概全的批评方式是非常不可取的，因为一方面孩子弄不清自己具体的错误点在哪里，妈妈具体因为什么事情生气；另一方面虽然妈妈的本意是希望将同类的事情放在一起说，希望引起孩子的注意，但是孩子会觉得在妈妈眼里自己缺点百出，一无是处。所以在批评孩子时，我们要学会就事论事，孩子哪里做错了，准确地指出来并且要帮助他做及时的纠正。

4. 批评的同时，要让孩子感受到你的爱

对于孩子来说，爱是他们所期盼的一切，也是他们正确行事的唯一理由。所以，在批评孩子的同时，一定要让他们感觉到妈妈依然是深爱着他的。

爱可以感化一切。孩子再叛逆，也对父母有着深深的爱。有些时候孩子会犯错误，是因为想更多地吸引父母的注意力，或者试探父母对自己的关心是否还在。这样的孩子往往是缺乏安全感的，父母对他们的情感表达不明确，让他们总是在怀疑自己在父母心目中的分量，所以他们会不断地测试。而一旦他们明白了父母对他的爱有多深的时候，他们就会一改往常，变回从前那个乖宝宝。

理智面对孩子的争辩

很多职场妈妈最不能容忍的就是孩子的争辩，认为这是顶撞，是对父母权威的挑战。其实这种想法是不对的。客观地想，如果孩子不争辩，妈妈说什么就是什么，那么我们又怎么会知道他们内心的想法，是不是我们以先入为主的想法误解了孩子？

举个生活中的例子：

妈妈规定海涛每周只能在周末的时候玩两个小时的电脑。可是当她周三下班回来的时候，看到儿子坐在电脑前玩得不亦乐乎。妈妈不高兴地说："怎么玩电脑了呢？我们不是规定了只能在周末的时候玩两个小时吗？"海涛满不在乎地说："我还有一会儿就弄完了，一会儿就关电脑。"

妈妈见海涛拿自己的话当耳旁风，非常生气，提高了音量："你赶紧把电脑关了，回屋做功课去！以后不到周末，绝不可以碰这台电脑！"海涛可能对妈妈的强硬态度感到了不满，也提高了音量说："什么事情都是你说了算，你说怎样就怎样。好，我不看了，作业我也不写了。"然后抹着眼泪回到了自己的房间。

母子俩因为这件事情一直僵持着，直到第二天早上，妈妈送孩子上学，才知道是老师给孩子留了一项网上作业，让他们在博客上找到一篇文章来读，并写出一篇读后感。可是由于自己的强硬，没有给儿子任何解释的机会，才造成了对孩子的误解。

所以，当我们遇到孩子的顶嘴或者某种反抗行为时，千万不能依靠父母的权威对孩子进行呵斥和压服，而应该保持冷静，放下孩子"顶嘴"的成见，让孩子有机会为自己的态度和行为辩护。这样，不仅能够帮助我们看见事情的全貌，也能让孩子感觉到与大人之间的平等，能够得到同样公平的待遇。

如果当疲惫的妈妈看见海涛在房间里用电脑，只是走过去，温柔地摸摸他的头，轻声询问："上网呢?"海涛有可能就会回答："对，我们老师布置了一项网上作业，我正在看。"就能避免之前让妈妈和孩子都不高兴的那一幕。更重要的是，我们给了孩子一个倾诉的机会，也给了自己一个更了解孩子的机会，这样我们才能知道怎么去帮助他，引导他。

但是在很多家长的认知里，觉得自己说的话，孩子就应该无条件地听从。尤其是在工作了一天以后，跟孩子说什么他都不听，还一直争辩，我们的情绪确实很容易爆发。但是如果在孩子面前无法保持冷静的时候，最好首先离开争辩的情境，比如可以先去做一些其他的事情，或者先到其他的屋子里缓和一下情绪。等到自己的心情平静下来以后，我们可以在心里默默地问自己 3 个问题：

第一，孩子的情绪为什么会这么激动，是不是有其他的事情影响到了他的心情，才会在妈妈面前反弹力这么大；第二，孩子的态度不对，但是他说的话是否合理，是否有一些真相是我们不曾了解的；第三，我们自己的态度和行为是不是不太合理，激化了孩子的情绪。

这些问题并不一定非要找出个答案，只要我们略微地理清一下思路，再找孩子谈，顺着问题分析，我们往往更能贴近孩子的心理，更容易帮助他们解决问题。很多时候，孩子跟大人斗气通常都是一时之气，发生争执以后，他自己会后怕。但是如果这个时候我们能够平静下来，主动跟他一起分析问题并且共同商讨解决问题的办法，会更加容易得到孩子的信任。而且在这个过程当中，孩子也能从大人的表现里学会如何冷静，如何控制情绪地去面对他人突如其来的质疑，这不仅有利于亲子关系的培养，也会对孩子将来培养人际关系的技巧有很大的帮助。

当所有的问题解决以后，我们再跟孩子说："刚才你对妈妈的态度太没有礼貌了，怎么可以对妈妈大吼大叫的呢？如果有什么话，你可以好好说，只要是有道理的，妈妈会理解你的。可是你用这样的态度跟我说话，妈妈就会觉得伤心。对待别的人也是一样的，你心里有不同的意见就好好地说出来，如果一直是这种很不友好的态度跟人说话，只会引起别人的反感，到时候没有一个人会喜欢你，妈妈也帮不了你了。”同时，我们也要告诉孩子，有想法要表达的时候，一定要有理有据，把事情讲清楚，千万不要在别人还没有弄清楚他的真实意图之前就发脾气，这样反而会不利于事情的解决。

别对孩子说反话

孩子小的时候，特别是在学前期，他们的行为能力主要是以模仿为主，你想要让孩子怎么样做，就先要做给他看。这个时候，孩子对于语言方面的指令往往不会有直接的反应，所以职场妈妈在跟孩子说话时，应该尽量用身体语言做一些辅助，比如手势、动作等等，给孩子积极的、正面的引导，让孩子明白你说的到底是什么意思，千万不能跟孩子说反话或者气话。

在生活中，我们经常会看到这样的场景：

放学以后，孩子在幼儿园和小朋友们玩得正起兴，妈妈来接他回家，可是他一直不想走。妈妈就会说：“你看看都几点了，你还玩?”孩子用一种近乎于商量的口吻说：“妈妈，我就再玩一会儿，等我做完了这个城堡就跟你回家。”妈妈火了：“什么一会儿? 你都玩几个一会儿了?”

孩子可能还没有意识到妈妈的不高兴，依然低着头玩着他的游戏。这时妈妈会变得更加生气，“行，你玩吧！好好玩啊！”她气呼呼地走了，孩子可能还纹丝不动，执着于他的游戏。因为他会觉得自己已经得到了妈妈的允许，是妈妈让他再玩一会的，他不知道这其实是妈妈说的一句反话。

糖糖和小乐是一对好朋友，两个人在同一所幼儿园，他们的爸爸妈妈不仅是同事，还是邻居。但是大人们之间的关系往往很微妙，尤其是对待孩子的问题上，再好的朋友之间通常也会有一些暗中的较劲。

这一天放学，糖糖的妈妈临时有事，只有小乐的妈妈来接两个孩子回家。放学铃声一响，两个孩子很高兴地奔过来。糖糖是一个性格比较外向、做事有些张扬的孩子，见到了小乐的妈妈就大声说："阿姨，我今天得了一朵小红花，你看我多棒！"

小乐的性格比较内向，但是习惯跟随，于是她也大声地跟妈妈说："我也得了小红花，我也很棒。"然后还学着糖糖的样子手舞足蹈。

"对，使劲炫耀，得了表扬就应该大声地炫耀，让全世界都知道。"小乐的妈妈很平静地看着自己的女儿，其实她说的是反话，觉得不应该有了一点小小的成绩就那么夸张地表现，向所有人都炫耀，恨不得全世界都知道。但是糖糖和小乐都不能理解大人的意思，以为得到了"鼓励"，所以不停地大喊："我有小红花，老师说我是最棒的！"小乐的妈妈也就越来越不高兴，脸色变得越来越沉。

其实，在这个阶段，孩子是无法理解反话的。如果妈妈总是这样跟孩子说话，得到的只能是与预期相反的效果。因为婴幼儿时期的孩子，正处于语言发展、逻辑思维发育的关键期，他们的词汇突飞猛进，但是对于语意甚至寓意的理解却仍处于发展中，所以经常会出现词不达意的现象。如果父母经常说反话，孩子就会很困惑，一方面不利于孩子理解能力的发展，另一方面父母与话语完全不同的表情会让孩子无法真实地猜测到父母真实的意图，会不利于亲子之间的沟通。

而且，如果我们经常用反话刺激他们，等到他们能理解语言中的暗语时，一旦我们正面对他们讲的时候，他们可能又会想歪了，到时候我们想要把话"转正"，就需要一番力气了。所以，对于学前期的孩子，我们尽量不要用反话来表达意见，更不要用反话来刺激孩子、伤害孩子，而应该给予孩子更多的爱与接受，使他们慢慢地建立良好的规则意识。

学会夸奖孩子

如果我们把日历翻到小的时候，我们都知道，那时候的父母是很少夸奖孩子的，“慈母多败儿”是当时教育的主流认知，所以没有得到应有的夸奖和称赞的我们，很多人都变得胆小、缺乏自信。可是，当改革开放以后，家长们受到越来越多来自西方文化的影响，形势又似乎“有过之而无不及”，他们会不停地夸奖孩子，唯恐一个疏忽怠慢了孩子。可是这种做法不但没有帮孩子找回自信，还让孩子们变得更加胆小，连小小的失败和挫折都无法跨越。

其实现在，很多职场妈妈也是一样，深陷在过度夸奖孩子与不当夸奖孩子的迷雾当中，把爱的教育当成是毫无分寸地滥用夸奖和赞美，所以让孩子在泛滥的表扬之间，迷失了自己，并且丧失了对困难和挫折的抵抗力。所以，学会夸奖孩子，是职场妈妈必须要学习的重要一课。

想要让自己对孩子的夸奖做到恰如其分，我们应该做到以下几点：

第一，夸奖要“言之有物”，细节化。

我们可以看看以下两组对话：

妈妈：你最近表现不错。

妈妈：今天在公交车上，你能主动给一位老奶奶让座，看着你这么懂事，妈妈觉得你长大了，很替你自豪，因为妈妈觉得你长大了以后，也会是一个能主动帮助别人的人。

妈妈：嗯，你这篇作文写得不错。

妈妈：嗯，你这篇作文写得太棒了，尤其是写爸爸为了这个家很辛苦，你想为爸爸做点什么这一段，妈妈特别感动。你能了解爸爸妈妈的辛苦，时刻记着我们的好，妈妈感到特别的欣慰……

这些都是我们夸孩子时经常会说的话，但是你会发现，如果在夸奖孩子的时候，能明确地指出原因，说出夸奖的理由，才不会让孩子觉得你是在敷衍他，也不会觉得很空洞、很泛泛，从而不能真正觉得自己哪里做得好，哪里不好，只是觉得“最近一段时间”或者大范围的，你在给他肯定。但是如果妈妈的夸奖是很真诚的、发自内心的，那对孩子来说会是一件非常值得感动和开心的事情。另外，如果我们能具体地说出夸奖的理由，孩子会变得更加自信，以后会非常明确地将被肯定的这一部分保持下去，而不会昙花一现，从此那些好的方面就不见了。

有些时候妈妈们会觉得，前一段时间我的孩子做得挺好的啊，我也肯定了他，可是为什么后来他越做越不好？就是因为他的概念混淆，弄不清楚妈妈肯定的是什么，所以原来做得很好的地方，也可能会在以后的生活中逐渐被忽略掉。

第二，赞美是可以练习的，妈妈和孩子可以一起学习。

职场妈妈可以试着跟孩子做一个“夸奖游戏”：你和孩子每个人选择一个想要夸奖的对象，然后每一个人说一条对方的优点，看谁说得多。通过这个游戏，妈妈不但能够锻炼孩子在生活中发现别人的优点，还可以通过孩子对别人的夸奖，知道他的价值观在哪里，在他的眼里什么是美的，什么是不美的，他希望做一个什么样的人。然后你可以根据自己的了解，给孩子他最想要的东西，给他的成长以最好辅助。

第三，夸奖要有度。

有一个叫露露的小女孩，今年3岁了，喜欢画画。有一天她随便在纸上画了一个自己都不晓得是什么的图案，妈妈在一旁见了说：“画得真棒，我女儿真聪明。”一会儿，奶奶看到了，拍着巴掌说：“露露画得真好！”又过了一会儿，爸爸回家了，也看到了小女孩的画，又说了一句：“画得太好了！”可是小女孩不高兴了：“爸爸，这句话妈妈和奶奶已经说过了，你就不能换一句吗？你们大人能不能不当鹦鹉啊！”

你知道露露为什么不高兴吗？除了因为爸爸妈妈和奶奶说了同样的话以外，还有一个原因，就是她知道大人们都不是真心在夸她。我们在夸奖孩子的时候，千万不能“睁眼说瞎话”，因为小孩子其实是很聪明的，他能从你的话里知道你在哄他、骗他，所以他会不高兴，而且有可能也会顺着学说瞎话来哄人。而且过度的夸奖，会让孩子找不到自己的位置，自我膨胀，所以我们在夸奖孩子的时候一定要适度，过多或者过少都会不利于孩子的健康发展。

第四，夸奖有很多方式，但是孩子最受用的夸奖才是最有价值的。

不同的孩子，对夸奖的需求不同。有的孩子可能喜欢妈妈在大庭广众之下夸奖自己，觉得那是一种很让人自豪的事情，但是有的孩子就会觉得尴尬到不行，会很不习惯。有的孩子可能会喜欢物质上的奖励，但是有的孩子就比较能够接受拥抱和亲吻，觉得这才是最让人满足的表扬方式。所以妈妈一定要弄清楚自己的孩子最喜欢哪一种夸奖和表扬的方式，最不喜欢的是哪一种方式，然后在生活中尽量用最受用的方式夸奖孩子，才能让它发挥出最大的功效。

第八章　每个孩子，都是独一无二的

妈妈日记

我曾经有过“完美孩子”的观点，希望自己的孩子能是一个热情开朗、成绩优异、擅长各种体育运动并且有很多好朋友的人。可是，当孩子3岁的时候，我带他去学画画，他完全不听老师的话，只在纸上乱涂，我开始明白了，孩子对于他不感兴趣的事情，绝对不会认真去做；孩子5岁的时候，幼儿园破天荒地举行了一次检测考试，他的成绩平平，我看着那张并不优秀的成绩单，开始明白，这个淘气的宝宝，并不会因为妈妈的期望就会放弃自己爱玩的天性。

我记得孩子7岁的时候，有一天我拉着他去参加篮球练习，他一路上都在挣扎，大声尖叫着表示抗议。看到这样的场景，我知道一定是哪里出现了问题，但是我不清楚到底是什么原因导致他对体育运动这么排斥，因为几乎所有的孩子都喜欢打篮球，所以我觉得如果我强迫他不断地练习，最终他可能会像其他孩子那样喜欢上体育，并且愿意参加学校里组织的各种活动。可是，过了一段时间以后，我才意识到我儿子并不是那种类型的孩子。慢慢地，我开始接受他的不完美，他的表现不会再让我失望，因为我知道，我的孩子不管怎么做，都将是这个世界上独一无二的，不完美，但够独特。

孩子不会无缘无故说谎话

董婷生长在一个双职工的家庭，尽管爸爸妈妈都很努力工作，但是因为要赡养4位老人，还要供养一个孩子，所以生活一直很拮据。最近，她的爷爷奶奶觉得生活很枯燥，一直想要出去旅行，可是由于家里实在拿不出这笔钱，这个计划也就不得已搁浅了。

不巧的是，董婷的妈妈由于在工作上表现出色，除了获得了季度奖以外，还拿到了公司特别奖励的一万元奖金。她觉得家里好不容易有了一点积蓄，就不赞成把这些钱拿出来支持公公婆婆出去旅游，就跟孩子的爸爸商量了一下，想要把钱偷偷地藏起来，以备不时之需。

他们的对话刚好让董婷听到了。为了稳妥起见，妈妈一再叮嘱董婷，千万不要把存钱的事情跟爷爷奶奶说。董婷很懂事地答应了。可是，一见到奶奶，董婷就赶快宣布："奶奶，我妈妈有秘密不让我告诉你。"奶奶赶紧问："有什么秘密还瞒着奶奶啊？"董婷小嘴一撅："不是，妈妈不让我告诉你她把刚得来的奖金偷偷存进银行里了。"她的实话实说，弄得妈妈很尴尬，没办法，只好把所有的详情都说了出来。

大人们经常会因为一些原因不得不说一些谎言，做一些被动的掩饰。可是小孩子是最诚实的，如果没有其他来自外界的诱因，他们的世界里将永远都不存在谎言。如果有某一个孩子有了爱说谎的坏毛病，那一定是外界的诱因起了作用，使他改变了自己诚实的本性。通常情况下，孩子变得爱说谎会有两方面的原因：

一、模仿大人，有样学样。

孩子的成长过程里，起最主要影响的人就是父母，孩子会很自然地学习大人的动作和行为。虽然没有一个家长故意教孩子说假话，也没有哪一个家长愿意整天假话连篇地生活，但是如果有时候家长在跟孩子的相处中为了哄孩子听话，经常答应他一些事情，而且这些事情多数都没有兑现，在这种情况下，孩子会很自然地学会用假话讨取别人欢心的技巧。有些时候，家长可能在成人社会的社交中，不得已说出了谎话，或者做了某些技巧性的掩饰，被孩子看在眼里，也会给他一种说假话的印象，他以后依然会有样学样。

二、在成长过程中，迫于家长给他的压力。

有些家长对孩子的教育很严厉，对孩子的每一个错误行为都不放过，不是严厉批评，就是狠狠地打骂；有些家长很强势，说一不二，丝毫不顾及孩子的感受。这些都会造成孩子的情绪紧张和不平衡，为了逃避责罚，他们会开始利用假话来给自己开脱。

为了让自己的谎言变得更加可信，他们甚至会在说之前，做更好的加工。比如，一个五六岁的孩子已经能够分辨出，如果告诉老师他的家庭作业被狗叼走了，那老师肯定不相信，但是如果他说“因为我生病了，没能及时完成作业”，那也许能够蒙混过关。

孩子会逐渐提高他的欺骗技术，所以一旦发现孩子有说谎的苗头，我们就应该仔细思考，是不是我们在教育孩子的哪一个环节出现了问题，才会导致这样的结果。很多职场妈妈会习惯把孩子的品行和习惯归咎于孩子自己，发现了孩子的问题以后，会变得更加责怪孩子。可是孩子的品行和习惯是很依赖家长的教育方式的，如果我们想要改变一个孩子，就只能从自己的教育方式上寻找突破口。只有家长和孩子之间的互动能够维持在一个良性循环的状态下，才能逐渐引导孩子舍掉那些爱说谎的习惯。

在纠正孩子的过程中，职场妈妈有时会觉得很伤心，觉得自己那么用心地教育孩子，怎么会教育出一个满口谎言的孩子来？其实，痛苦的不仅仅是家长，还有孩子。

孩子每一次的谎言都会担心被大人们发现，他的情绪会变得特别的紧张，害怕自己的行为会引来家长的不满，批评他品德上有问题，或者对他进行更严厉的处罚。久而久之，他会慢慢失去自信，也失去自尊，对他人的要求和自己说过的话越来越不在乎，脸皮也会变得越来越厚。当他说谎次数多了的时候，他自己都会分不清哪一句是真的，哪一句是假的，会觉得周围的一起都变得不可信。

这个时候，就需要我们耐心地给孩子做引导，一定要找出孩子说谎的原因，弄清楚整件事情的来龙去脉，然后对症下药。千万不能孤立地看待一件事情，凡事只看到表面，那么即使你用尽气力，也依然改变不了孩子爱说谎的习惯。

具有“霸道”特质的孩子在寻求更多的关注度

丁丁是一个极度自我的孩子，如果周围的情况让他不满或者有令他不愉快的事情发生，他就会突然发脾气，而且具有暴力倾向。

在幼儿园里，他经常会欺负其他的小朋友，有时会突然把玩具砸向别人，有时会撕破其他小朋友的画，有时会故意把别人推倒。上课的时候，老师还没讲完问题，他就抢着要第一个回答，可是说的答案往往都不对。如果老师没有叫他，他就会把旁边孩子的作业本撕烂，有时还会动手打那些主动回答老师问题的同学。

丁丁“霸道”的表现，让老师很头疼。因为不管怎么跟他讲道理、引导他，他口头上答应“以后不会再这样了”，可是下一次他还是不管不顾，任性妄为，一旦感觉老师的口气有些不悦了，他就开始撒泼、使性子。

在家里他更是肆无忌惮，邻居带着孩子到他们家做客，还没进门，就会遭到他的玩具枪“射击”，有时候他还会拿着一盆水，直接泼到邻居的身上。爸爸妈妈一说他，他就躺在地上打滚，严重的时候还会对爸爸妈妈拳脚相加。

丁丁从来都不会反省自己的错误，即使是在情绪稍微稳定的时候，妈妈引导他，让他检讨一下自己的行为时，他也会嘴硬地说："我没错，是你们先惹我的，你们都不爱我，没一个人喜欢我！"

如果家中有一个像丁丁这样的"小霸王"，我们恐怕会比其他的家长更为操心。因为不知道什么时候，他可能就把别人家的孩子打哭了，需要你去给他"善后"；不知道什么时候他又在学校里闯祸了，需要你跟老师及时沟通。即使是你下班回家，也可能会因为某一方面没做好惹到他，让他大发脾气。

面对这种情况，我们不应该完全责怪孩子，而应该首先帮助他找到性格形成的原因。从丁丁的例子来看，经常表现出霸道特质的孩子通常都是在寻求更多的关注度，希望周围的人能够更多地注意自己。在心理学上有一个名词，叫做反向防御机制，也就是说，当他们感觉到自己被忽略，得不到应有的关注的时候，就会出现反常规的行为，有暴力倾向或者做一些让人很头疼的事情来表现自己，从而吸引别人的注意。

而且，侵犯行为是可以学习的。可能孩子小的时候，性格有一些执拗和叛逆，不是很听话，有一些家长就会打骂孩子。在管教孩子的同时，也教会了孩子使用暴力。他会形成一种观念：暴力可以解决一切问题。所以在与其他的孩子产生矛盾的时候，他不会选择去沟通和交流，而是会直接用暴力攻击。

这种情况，多数会发生在那些不善于表达自己想法的孩子身上。所以面对孩子的"霸道"行为，职场妈妈应该暂时打消对孩子责罚的念头，尝试着去理解孩子的感受，站在孩子的角度去想问题，才能弄清楚他真正想要的是什么，我们也才能找到能够改变孩子的方法。

大多数情况下，孩子都能从妈妈的理解中得到很大的安慰，从而平息心中的怒火，让自己的攻击性情绪逐渐减弱。所以职场妈妈应该将心比心地多替孩子考虑，并且帮助孩子逐渐完善自己的性格。为此我们要做到以下几点：

第一，帮助孩子控制情绪，让他学会消气的方法。

孩子会表现出霸道或者有暴力倾向，是因为他在情绪上受到了刺激，又没办法平息自己的情绪。作为家长，首先要帮助孩子学会控制自己的情绪，并且掌握可以消气的方法。在初期的时候，我们可以给孩子做一个不会大声叫喊也不会反抗，还没有其他副作用的“出气筒”，可以是沙袋或者是可以随意打击的人偶，让孩子发泄出心中的怒气。等到孩子的情绪逐渐能够有所控制的时候，我们可以让他在每次生气的时候做三次左右的深呼吸，或者让他有短暂的注意力转移，会让他的情绪得到一定的调整，不容易出现怒火中烧。

第二，帮助孩子自省，让他认识到做事的后果。

在孩子有霸道行为出现的时候，要给他一个“反省时间”，让他认识到自己做事情可能引发的后果，并且认识到自己的错误。有些孩子可能表面上逞强，不愿意向人臣服，但是如果让他一个人安静地待在角落里，并且给他充分的时间，他会逐渐去思考，认识到自己行为的过火。

第三，让孩子学会换位思考。

假设有两个小朋友，乐乐和可可，乐乐打了可可，那么我们可以让乐乐从可可的角度出发想问题，问他如果可可打了你，你会觉得怎么样？当孩子学会从别人的角度出发时，做事情就会不那么自我了。

第四，家长一定要坚决抵制这种不良行为。

在理解孩子的基础上，一定要让孩子明白，自己一旦做出了这些不良的行为就一定会受到妈妈的惩罚。教育孩子的时候，我们要对他很理解、很体贴，可是这不代表可以对他纵容。我们可以用温良的性格去影响孩子，但同时也不能忘记给他应有的严厉的管教。

他们为何会在幼儿园里“公然谈恋爱”

4 岁的芊芊经常会像个小大人似地表达自己的情感。上幼儿园的第一天，就在老师的手臂上吻个不停，边吻边说：“老师，我太喜欢你了！等我长大了以后，我可以跟你结婚吗？”

也许是因为她的吻让老师记忆深刻，也许是对这个有些“早熟”的孩子感到了困扰，在以后的日子里，年轻帅气的幼儿园老师对芊芊格外关心。结果，他发现芊芊总是喜欢跟一个叫做东东的小男孩在一起。有一天，她很兴奋地抓住了老师的手说：“我长大以后不嫁给你了，因为我觉得东东比你好，我爱上了东东。”

老师当时相当震惊，回想这些日子芊芊和东东之间的互动，还真像是一对热恋中的人儿。这些天，芊芊似乎变得特别温顺，也特别的“体贴”，有什么好吃的都会分给东东，有好玩的，也会第一个想到东东。东东认真地做手工作业的时候，她就在一边静静地看着，不时地发出“好棒”的称赞声。如果有一刻看不见东东，芊芊就会到处寻找，还问经常在一起上课的小朋友们：“你们看见我的东东了吗？”有其他的小朋友想要邀请芊芊一起玩，可是她总是拒绝说：“我不要，我只要跟东东在一起玩，他是我的，我也是他的，我不能背叛他。”

老师开导芊芊说：“你跟东东只是好朋友的关系，其他小朋友也能成为你的好朋友，所以你们完全可以一起玩游戏。”芊芊听了以后，马上反驳说：“不是，不是，我要跟东东结婚，我只和他玩。”

不管老师怎么劝导，都无济于事。后来，老师找来了芊芊的妈妈，跟她说明了情况。可是芊芊的妈妈却不以为意地说：“东东的妈妈跟我是同事，我们两家住在同一个小区里，从小两个孩子就很要好，要是真能在一起，还好了呢。”

在幼儿园里看到这样的个例，多少让人有些意外。可是如果职场妈妈不能认真对待孩子的这种情感上的表达方式，对他们现有的表现都不以为然，那么他们很可能会把这种关系延伸到小学、初中、高中，于是早恋的现象就可能会频繁地发生。所以，当孩子对于情感的表达一直在模仿大人的时候，我们就应该进行正确的疏导。

也许我们不会像国外的家长那样，在孩子很小的时候就跟他们谈论“性”的问题，也无法很清楚地跟他们解释什么是“结婚”，什么是“恋爱”，但是我们一定要弄清楚他们这种行为的背后，藏着的是什么样的心机。一般来说，孩子出现了像芊芊一样的表现，我们不应该认为她是性早熟。因为不管是同性的伙伴还是异性的伙伴之间，孩子都会表现出一种很强的占有欲，希望对方能够完全地为自己所有，就好像是一件玩具一样，永远都是他自己的。所以孩子才会说“某某小朋友是我的”，做出这样的表达。

在孩子的认知里，可能只有像大人那样“结婚”、“恋爱”才不会被分开，所以他们一直在做效仿，但是他们的内心并不是真正地理解了其中的含义，只是想以一种独占式的方法跟另外一个小伙伴确立亲密的关系，能够永远在一起玩。所以作为家长，我们还是应该鼓励孩子能够跟更多的小朋友接触，而不是只跟一两个小朋友形成这种亲密关系。

我们应该跟老师多多配合，在循序渐进中调整孩子跟其他小朋友的关系，而不能生硬地一下子就要把他跟他非常要好的伙伴分开。例如，在做游戏的时候，我们可以把他们分到不同的组别里，或者在他们的组里插入其他的同学，引导他们接触更多的小朋友。放学后，我们也要注意不能只让孩子跟固定的一两个小朋友在一起玩，可以带他们去同龄人比较多的地方，让他们跟更多的同龄人产生互动，这样他们就会很容易从独占式的交友方式中走出来，社交圈也会变得更加广阔。

缺乏自信的孩子，遇到困难就有“病”

小莫是一个6岁的小女孩，长得很可爱，也很聪明，可是每一次只要遇到困难，就会生病。前一段时间幼儿园举行一次跑赛，成绩不好的小朋友以后每天都需要专门到幼儿园晨练。那天早上，小莫就一直喊着头疼，不管妈妈怎么商量，都不肯去幼儿园。

昨天下午，幼儿园要举行一次考试，想要对小朋友们学习和掌握知识的情况有所了解，上午的时候小莫还好好的，一切正常，中午就给妈妈打电话，说是肚子疼，一定要妈妈来接她回家。妈妈到了幼儿园以后，看见小莫疼得满地打滚的样子，既是心疼，又是无奈。因为看孩子的症状也不是装的，但为什么每一次生病都是在有困难之前呢？针对孩子一遇到困难就“生病”的这种现象，职场妈妈应该怎么办呢？

一般情况下，孩子会像小莫一样出现这种情况，都是跟他的自信心有关。一个人的自信心不是天生的，而是在成长的过程中逐渐培养的。良性的建立自信的过程是从孩子一出生就已经开始了的。因为出生是孩子生命起始的第一个创伤。出生是一个大喜事，但同时它也是一个生命的困难期和危险期。想想看，孩子在妈妈子宫里的时候，他想要什么妈妈是可以感受得到的，他可以很任意地、很随意地从妈妈的身体里获取营养。那个时候孩子是非常安全的，他知道有一个人在保护他。

可是突然之间他被一股莫名的力量踹出了那个“宫殿”，周围的光线一下子变得刺眼，他再想要什么的时候，那条传输带没有了，他和妈妈感应的那条通道没有了，他会完全不知道应该怎么办。所以在出生的一瞬间，是孩子经历的第一个创伤，无助和失落。

我们可以假设，如果妈妈在怀孕期间是一个非常健康的孕妇，她的情绪非常的好，那孩子在妈妈的身体里感受到的都是快乐、幸福，还有爱。但是如果妈妈在怀孕的时候情绪很不稳定，对世界充满了悲观的情绪，那孩子会通过感应知道这个世界糟糕透了，他会带着这种情绪降生，并且伴随着这样的情绪长大。

在婴儿期的时候，孩子还不会说话，不会表达，爸爸妈妈经常会弄不清楚孩子想要什么，经常会弄错。孩子可能除了哭以外，没有其他表达的方式，但是成年人也没那么精明，不能及时地满足孩子的需要。于是孩子的内心情感没有得到很好的满足，就会产生失落，有了缺失的部分。

带着这些问题长大的孩子，会表现得很不自信是非常正常的。他会在遇到困难的时候，带着一种怀疑的心态，觉得自己没有能力去克服和度过，所以每一次都会想办法为自己躲避创伤。但是像是面对比赛、考试这种人为的困难，孩子一时之间也找不到更好的逃避的办法，所以会利用“生病”，利用家长对自己的心疼，从而躲开大人们的安排。面对这种情况，我们能做的就是逐渐恢复孩子的自信心，让孩子不断获得克服困难的成功经验、不断获得正面的激励。而且这种成功的经验要是他发自内心感受得到的，而不完全是来自外界的正面评价和表扬。

有些家长可能误以为孩子缺乏自信，是需要鼓励，所以会无原则、无界限地对孩子施加表扬。但是表扬多了，反而会失去效果。我们只有抓住孩子获得内心成就感的最佳时机，对他进行表扬，才能起到事半功倍的效果。那么孩子的内心成就感需要怎么样获得呢?

这就需要老师和家长多多沟通，了解孩子的想法，积极地做一些配合。一方面我们要在外部的环境上，让孩子有更多的自信获得一种学习的兴趣，增加孩子去参与群体竞争的能力；另一方面，我们要给孩子搭建一个健康成长的平台，让孩子在学习和生活的过程中有机会自我探究、自我尝试，让他亲自体会到成功和收获的正面感受。只有当孩子的内心得到满足的时候，他才会变得更加自信，而不会在遇到困难的时候，只想着对大人施行“苦肉计”，而选择逃避了。

“网瘾”是因为孩子内心的缺失

很多职场妈妈都很反对孩子玩电脑游戏，唯恐孩子一玩成瘾。可是电脑游戏其实只是一个游戏，并不是毒品，它和我们小时候玩的游戏没有什么本质上的区别，只是它的过程可能会更复杂、有趣。想一想，几乎没有一个孩子不对游戏成瘾的，小时候我们跟伙伴们一起玩过家家、捉迷藏，不也经常玩到天黑以后，爸爸妈妈出来寻找才肯回家吗？现在的孩子找不到那么多的伙伴，只能在电脑上，在那个虚拟的世界里跟人玩耍，其实是一个性质的。玩到起兴，他们也会全身心地投入进去，跟我们忘了回家是一样的，只是很多家长把孩子的这种状态当成是病态的“网瘾”，其实是不恰当的。

对电脑游戏着迷，和病态的“网瘾”有着本质上的区别。有的人喜欢挑战，有的人想要放松，有的人想要打发无聊的时间，这时候选择电脑游戏是不会有太大的影响的。你看，姚明平时也喜欢打电脑游戏，但是他在篮球事业上仍然很有建树；李想也对电脑游戏着迷，却成了“中国十大创业新锐”中唯一的一位80后。所以，并不是电脑游戏的问题，而是玩游戏的人本身是否具备自控力，能够从游戏中理智地抽离。

至于孩子玩电脑游戏成瘾，其实说明了另一个问题。如果一个孩子对网络游戏产生了强烈的依赖，以至于达到了痴迷和病态的程度而难以自我解脱，那是因为游戏以外的世界让他感到枯燥无味，心里不痛快或者产生了强烈的自卑感。一个孩子如果能够对电脑游戏痴迷，从而荒废了学业，那么即使没有电脑游戏，也会有其他课业外的东西转移他的注意力，让他放下学业。所以，真正有问题的不是电脑游戏，而是孩子本身的心态，孩子内心的缺失希望通过网络游戏来弥补。那么，什么原因可能会造成孩子内心的缺失呢?

1. 爱的缺失

在现在的很多家庭中，由于父母工作太忙，无暇顾及孩子，或者干脆把孩子送到很远的爷爷奶奶、姥姥姥爷家抚养，时隔很久都不能跟孩子见一次面，就会造成孩子爱的缺失。

强强今年7岁，爸爸是生意人，妈妈是职场白领，两个人都很忙，就把他送给了爷爷奶奶抚养。最近几次，只要妈妈来看他，奶奶就会向她抱怨，说强强不听话，每天只知道上网。妈妈听了以后自然很生气，把强强痛揍了一顿。但是很快地，妈妈由于工作的关系就离开了奶奶家。临行的时候，照例给他留下了很多零食、玩具和零花钱。

看着妈妈急匆匆的样子，强强的内心非常不满，感到很压抑。因为他觉得在爸爸妈妈的心中，只有工作才是最重要的，丝毫没有顾及他的感受。奶奶家周围没有跟他差不多大的孩子，他没有说话的人，也没有伙伴，每天就只能在电脑游戏中寻找快乐。

在现代家庭里，很多双职工家庭都选择把孩子交给隔代亲抚养，但是隔代亲不管怎么疼孩子，都取代不了父母的位置。如果我们跟孩子之间的互动少，或者亲子关系不好，很容易导致孩子迷恋网络。所以，职场妈妈一定要注意亲子关系的和睦，不要因为他在家庭中缺失爱和温暖而沉迷网络。

2. 精神世界的缺失

不管是孩子还是大人，任何放纵都跟自己的精神空虚有关。网络游戏只有到了精神空虚的孩子那里，才会成为一种“毒瘾”。可是现代社会，孩子的课业繁重，适合孩子看的电视节目少之又少，能够在一起玩的伙伴也不多，很容易就会导致孩子的业余生活变得枯燥，从而沉迷于网络游戏。

针对这样的孩子，我们可以丰富孩子的课外阅读，帮助他们寻找到更多的、新奇而又健康的游戏，让他们的精神世界变得丰富起来，孩子就会变得更聪明、更有理性。而且充实而又丰富的课余生活，对孩子来说是魅力无穷的，会冲淡孩子对电脑游戏的兴趣。

3. 自信的缺失

6 岁的博超沉迷于网络游戏，是因为他觉得自己在现实生活中什么事情都做不好，妈妈整天都骂他笨手笨脚的，小朋友们还笑他太胖，弄得他经常不好意思下楼去找他们玩。但是在电脑游戏中，没有人会骂他、笑他，只要操作熟练，他每一关都能打得很好，所以他不愿意放下电脑游戏，回到现实的世界里。

孩子懂事以后，他的自我意识会逐渐增强，自尊心也会逐渐地呈现出来。如果家长经常批评他，或者周围的人都不认可他，他会很容易变得自卑或自闭，害怕与人交往，想要逃离现实。所以，在与孩子相处的过程中，我们应该注意对孩子自信心的培养，消除现实世界与虚拟网络的差距，孩子就会逐渐地减少对网络游戏的沉迷。

综上所述，孩子会产生网瘾，主要的原因还在于父母。我们只有更多地关心孩子、爱护孩子，让他们的内心没有缺失，才是防治网瘾的最有效途径。

内向型孩子的应对策略

著名的精神科医师彼得·杰瑞特曾经在自己的文章里说，从前，只要父母带着内向的孩子来看门诊，他就会告诉忧心的父母不用担心，因为孩子在成长过程中难免会有内向害羞的时期，等这一阶段顺利度过以后，孩子的这种症状就会慢慢地消失了。

但是现在，他却不再那么轻易地下结论，用简单的几句话就把孩子的父母打发了。因为在临床医学的研究中，他发现小时候内向害羞的孩子，长大以后或多或少都会患上社交恐惧症，对事业的发展也会有一定的障碍。

另一位知名的流行病专家罗纳德·凯斯勒在长期的研究观察中发现，那些小时候没有得到重视或者正确引导的内向型人格，长大以后也可能会变成严重的抑郁症、焦虑症、破坏狂，甚至有可能会在遇到挫折时产生想要自杀的念头。

说到这，那些具有内向型人格的孩子的妈妈，是不是已经在为自己的孩子担忧了？不用着急，因为在孩子小的时候，内向型人格是比较容易被改善的，只要我们可以给孩子适当的引导，让他逐渐过渡，那么在孩子的成长过程中，一定会逐渐抛弃内向、害羞的一面，变得活泼开朗起来。

1. 职场妈妈要让孩子逐步地过渡，不能过于心急

对于内向型的孩子，职场妈妈不能过于心急，希望他们能够在顷刻间变得活跃。因为他们需要一定的时间和适宜的氛围，才能逐渐地改变自己。这种类型的孩子性格温顺，做事节奏慢，如果职场妈妈迫使孩子提前活跃起来，他们会因为内心的不适应而对自己产生怀疑，也会因为信心不足而徘徊不前，不肯进一步作出改变，从而会让职场妈妈前功尽弃。

2. 要想办法打破孩子消极思考问题的模式

例如，内向型的孩子会这么想："如果我说错话了，大家都会嘲笑我。""我长得不可爱，肯定不讨人喜欢。""如果我跟其他的小朋友一起玩，他们会觉得我拖了他们的后腿，会对我有意见的。与其等到大家都烦我，还不如开始的时候我就躲在一边。"……

知道孩子的想法还不够，还要鼓励他说出来，一步一步地帮他分析，他的想法哪些是不对的，需要得到纠正的。比如，孩子可能会告诉你说，同学们不喜欢他。这时候妈妈应该举出一些具体的例子，说明他

的同学是喜欢他的，愿意接受他的，只不过是因为他过于内向和自我封闭，错失了跟同学们进一步交流的机会。只有帮助孩子认清这些想法，并且鼓励他逐渐走出自我封闭，孩子才会愿意跟更多的人接触，性格也会变得越来越开朗。

3. 引导孩子多与人沟通

职场妈妈可以用鼓励和表扬的方法，引导性格内向的孩子多与人沟通。比如，职场妈妈可以找机会跟孩子说："今天楼下的王叔叔夸你了，说你能主动跟长辈打招呼，是个听话、懂事的孩子。""宝贝真乖，知道来客人的时候主动给人家拿水果了……"

另外，职场妈妈一定要试着与性格内向的孩子多沟通。因为把一些事情都装在心里，将不利于孩子的成长。职场妈妈可以引导孩子说出自己的想法。当孩子把与人沟通当成是一种习惯的时候，他会迫不及待地把自己的想法告诉别人。

4. 鼓励孩子做他擅长的事情

孩子四肢不协调，就不要强迫他学跳舞；孩子五音不全，就不要非得强迫他在众人面前唱歌。做自己不擅长的事情，只会打击孩子的自信心，让他觉得自己始终是人群里的笑柄，从而更加排斥和人接触。

对于内向型的孩子，职场妈妈应该帮助孩子找到他能力中的强项，培养他、发挥他的这些强项，并且让他体会到这些强项带来的成就感，慢慢地孩子就会恢复对自己的信心，敢于和更多的人接触了。

5. 让孩子看到其他人的不足

职场妈妈需要帮助孩子找到更多生活中的范例，让他明白，其实每一个人都是有缺点的，都不可能做到十全十美。孩子会因此获得安慰的力量和勇气。

不过，在为孩子找范例的同时，一定不能拿自己的孩子去跟其他的孩子进行比较，尤其是和他完全不同的孩子做比较。我们不能说："你看你们班的卓晗的性格多开朗啊，只有这样的孩子才招人喜欢。""阳阳总是那么有礼貌，你就不能向人家学学吗?”

这些话会像刀子一样，剐在孩子的心里，一方面他会因为自己做不好而自责，另一方面他会因为自己在父母眼中的形象是如此的不堪而变得更加自卑。所以，职场妈妈一定要更多地考虑孩子的感受，找准范例，做正确的引导，才能逐渐恢复孩子的自信，走出自我封闭的小天地。

超常儿童也需要正常教育

德国精神分析学家曾经说，可以用考察一粒种子的成长方法来考察一个人。他说，一粒种子看起来很微小、平淡，但是它的内在却蕴含着巨大的生长潜力。如果你拿一粒花的种子，把它抛到露天的地里，表面上覆盖一些尘土，几天后，它可能很快就会发出芽来。再过些时候，它也许会开出一朵小花来。可是，如果你细心观察就会发现，它的根茎上总会有一些细小而未发育出来的叶子，也许上面还有一些昆虫，正在啃食掉它的根基。

但是，如果你拿一颗同类的种子，将它种植在深度刚好适宜的土壤里，给它适量的水分、阳光和养分，你会看到一株非常美丽的植物，它的叶子葱绿苍翠，花朵娇艳无比，你会看到一株发展已接近释放它全部潜能的植物。

超常儿童就像是花的种子，如果急于求成，希望孩子能够尽快完成所有的学业，而给孩子选择跳级的方式，就违背了孩子的正常成长规律。只有让他们像常态儿童那样，受到正常的教育，按照人类的成长规律正常发展，才能收到更好的效果。

以家齐为例。他在学前期的时候，老师每年都会给小朋友们安排一次期末测评，以考察小朋友们对所学知识的掌握情况，同时也是对老师教学质量的一种评估。这种测试一般是这样的：选择一间相对封闭的教室，和需要接受测评的小朋友面对面，进行简单的谈话。老师会口头说出题目，让小朋友们作答。小朋友们平时都自由惯了，在无拘无束的环境下学习，突然接受这么相对严肃的测试，多数都难以适应，或者很难一次弄清楚老师的意思。可是家齐却是一个例外，他不但能够很快地适应这种互动方式，还能以最快的速度对老师提出的问题进行正确的解答。

测试结果出来了，毫无疑问，家齐的测试成绩是最棒的，比其他的小朋友们要优秀许多。

家齐的妈妈了解到孩子的这种情况，主动找到老师，说单位里的同事很多都在给孩子安排跳级，自己的孩子智商这么高，完全就是一个超常儿童，是不是也应该让他接受专门的训练，也跳到跟他的智力相符的高年级里去呢？

现在很多的学校都会给孩子安排这样的测试，成绩优异的就会被认为是超常儿童，然后根据其智力结构、思维水平来分定班级。所以，根据测试的结果，家齐是可以跳级的。但是孩子如果想要跳级，接受非常态的教育，光靠聪明是不够的，还要看孩子的个性和社会性水平，看他是否具备良好的社会交往能力，性格是否是健康开朗的，家长是不是有足够的时间和精力帮助孩子做好过渡。

家齐的妈妈是一位职场金领，工作很忙，有时候连接孩子放学的时间都没有，但是她非常坚持让孩子跳级，老师没有办法，也只能依从家长的要求。可是，换到了高年级以后，课程的难度增大，家齐明显感觉有些吃力。他不再是班级里最优秀的一个了，即使他非常懂事，学习也非常刻苦，但是对于新集体的适应，从“鸡头”到“凤尾”的心理转变，都没有得到很好的过渡，所以家齐变得越来越沉默，学习压力也越来越大。

妈妈见状，一方面自责自己无暇照顾孩子，一方面又觉得因为自己对孩子的期许太高，给孩子带来了太大的压力。思前想后，她决定把家齐送回原来的班级，让他接受正常的教育。

在生活中，很多职场妈妈都像家齐的妈妈那样，对孩子有很高的期许，一旦知道自己的孩子智力偏高，就想让孩子接受非常态的教育，让孩子过早地接受与他们的年龄极为不相符的知识教育。因为在现代社会，跳级就意味着能够更早地完成学习任务，更早地进入到社会中。这样，在充满竞争的职场中，这些孩子就会比同龄人更从容也更有优势。

可是，孩子接受非常态的教育，违反了人类成长的自然规律，是需要有很大的毅力和勇气的。面对比自己年龄大的竞争者时，他们会感叹自己没有真正的朋友，而职场妈妈因为工作的忙碌，很难帮助孩子完成心理上的顺利过渡，当孩子的身边没有赞誉和鼓励的时候，他们的内心会变得异常的孤独和难过，心理上会受到很大的冲击，性格也会有很大的转变。

鉴于此，即使是超常儿童，也应该接受正常的教育方式。如果智力超常，当前的学习任务已经无法满足他对知识的需求，可以尝试从课外超越别人，而不是在课内利用跳级的方式给孩子增大压力。

给先天残疾的孩子一颗平常心

孩子是父母的心头肉，尤其是母亲，对于孩子的疼爱更是超乎一般。有时候，我们宁愿所有的苦难都发生在自己的身上，也不愿意它们降临到孩子的头上。可是，有时候越是不想发生的事情，就越会发生。就好像石莹一样，她是一位职场妈妈，怀胎十月以后，她像其他妈妈一样，满怀欣喜地想要迎接一个健康宝宝的降生，可是当她从护士那里接过孩子的时候，被儿子先天性残疾惊呆了："天啊，儿子怎么没有左手掌?"有人说手掌是畸形，长大后也许会慢慢长出来。但是半年过去了，孩子依然没有手掌，五个手指头也只有黄豆大小。

尽管石莹很不愿意面对这样的现实，可是考虑到自己和孩子的自尊心，她学会了教孩子怎么掩饰自己。每天她都给孩子穿很肥大的衣服，袖子的长度一定要盖过手掌。她还一再提醒孩子说，不管在什么情况下，都不可以伸出自己的左手，让其他人看到他残疾的手掌。

转眼，儿子到了上幼儿园的年龄，由于一只手的不便，孩子很多事情都没有办法自己一个人处理。石莹千挑万选，给孩子挑了一个全市最好的幼儿园，并叮嘱老师一定要特殊照顾孩子的自尊心，不能让他受到任何的歧视。老师们很了解做家长的心情，很爽快地答应了。他们也确实没有辜负家长的委托，总是对这个孩子特别疼爱，又考虑到他的敏感，没有让他察觉出任何的异样。

可是，在一次手工课上，有其他的家长来观摩。其中一个孩子的爸爸惊讶地发现了这个孩子的不同，并且大声喊了出来："你们看，这个孩子没有左手!"这可能是一句无心的话语，但立刻引起了其他家长的注意。"是啊，太吓人了！学校怎么能收这样的孩子呢，吓坏我们的宝贝怎么办?"他们都小声地抗议着，责怪不应该有这个孩子的存在。

石莹知道这个情况以后，铁青着脸走进教室，接回了儿子。在责怪老师没有看好儿子的同时，放下了这样一句话："我们再也不会来这种地方了!"

最让人担心的事情还是发生了，但是我们在心痛之余，似乎也没有办法去责怪谁。因为其他的家长可能只是一时的无心之言，他们会在第一时间替自己的孩子考虑，可是正是因为他们对别人孩子的无心和对自己孩子的顾及，严重伤害了石莹和她的孩子。谁都不希望自己的孩子会变成这样，一面要压制自己委屈与难堪的情绪，一面还要考虑到孩子的自尊心，做先天性残疾的孩子的妈妈的确会让人很累，可是在难过和抱怨之余，我们是不是也应该多替孩子想一想？

就拿石莹来说，她看到孩子被其他的家长说三道四，会想在第一时间挺身而出帮助孩子解围，也会因为一种做母亲的本能想将孩子带离那个给他带来伤害的环境。可是，妈妈不能陪在孩子身边一辈子，总有一天他需要独立地面对一切。也许在以后的生活里，他还会遇到比这种情况还要难堪很多倍的场景，也许他未来的经历会更加的残酷，但是不是每一次在他遇到困难的时候，都要躲进妈妈的羽翼里，不能勇敢去面对？

孩子是特别敏感的，尤其是先天性残疾的孩子，他会觉得自己很失落，很无助。如果连父母都不能坚强一些，以平常心去看待孩子，而总是以“维护孩子的自尊心”为名教育孩子掩藏和躲避，孩子会觉得这是父母对自己的一种嫌弃，他会从父母的举动里变得更不安，更加没有自信，也会更加厌烦自己。

所以，作为一个家长，我们一定要给孩子一颗平常心，坦然地面对孩子的问题，并且告诉他要敢于正视一切苦难。我们一定要让孩子明白：你跟其他的小朋友都是一样的，都是上天派来的天使。只不过由于上帝的疏忽，在把你派下凡尘的时候，忘记了给你做另外一只手了。这不是你的错，也不是其他人的错。不管你怎么样，你都是爸爸妈妈心目中的天使，我们爱你，所有的人都会爱你，所以你也要爱你自己。

第九章　从点滴做起，培养孩子的成功人格特质

小测试：你认为孩子应该培养哪些“成功者的人格特质”

题目：你认为孩子应该培养哪些“成功者的人格特质”？请写下你的答案

如果您没想过这个问题，请您反思自己作为家长是否合格？

如果您想过这个问题，请把答案写在下面：

为了培养孩子的这些特质，你认为自己还需要做哪些努力？

感恩，从小做起

感恩不仅是所有品德中最伟大的一种，更是所有品德之母。一个拥有感恩和谦卑特质的人，即使面对波折和不幸，也会懂得欣赏生活中更美好的一面，懂得从事物的积极面出发，放过那些消极的、悲观的片

段。他会因此获得更多的生活的馈赠，也会因此拥有一个幸福、快乐的人生。

让孩子学会感恩，等于是给了孩子一张幸福的存折，让他把生活中点滴的快乐都存储进去，等到他的“存款”越来越多的时候，他会觉得自己的人生是非常积极的、完美的，他的生活里永远都充满了快乐。所以，当有困顿发生的时候，他就能主动去探寻解决问题的机缘，能够比其他人更容易看到希望和渡过难关。

感恩的态度有很多种，能够看到父母对自己的付出、能够看到老师的辛苦、看到比自己不幸的人能够心生同情、对自己的拥有和别人的馈赠能够及时地表示感谢等等。现代的孩子，没有经历过贫穷和艰苦，生下来就在一个相对富硕的环境里生活，因为太容易得到，得到得太多，所以很容易丢失感恩的心。职场妈妈经常会选择老一辈人教育我们的方式，给孩子讲革命时代的故事，刻意把孩子带到艰苦的农村去体会生活，甚至故意少给孩子零用钱，希望他们能够因此而体会到幸福生活的来之不易。

有一位职场妈妈，利用出差的便利把孩子带到了一个很偏远的农村，让孩子亲眼看到了村民贫穷的生活，看到跟他同样大小的伙伴们没有玩具，也没有新衣服，有些孩子因为家里的生活比较艰辛，三五岁的样子就已经要帮助妈妈照顾弟弟妹妹，甚至要洗衣服做饭了。她的孩子见状，感触颇深。待在农村的那几天一直沉默不语，还经常默默地把自己的零食给其他的小伙伴，把自己的玩具留给了他们做纪念。

在回家的路上，他对妈妈说，跟那个村子里的孩子相比，觉得自己很幸福。可是，等到回家几天以后，他对生活的满足感就逐渐消失了，过了一个月以后，他又恢复到了以前的生活状态——对什么都不满足、爱抱怨，即使爸爸妈妈已经尽力满足他的所有要求了，他还是不开心。

为什么会这样？因为对孩子的感恩教育，不是一时之间借助特殊场景的刺激就能见到成效，不是说让他看过有人比他更不幸，就能让他永远对生活心存感恩。我们只有从心态上改变他，让他对每一件事物都产生感恩的习惯，他才能时刻意识到生活的美好，意识到自己的幸福。

第一，家长要以身作则，培养孩子从正面看问题的能力。

有一个老掉牙的故事，叫做《半杯水》，意思是说，在桌子上放着半杯水，悲观的人会看到失去的部分，乐观的人则会看到还拥有的部分。我们就是要培养孩子做那个能看到拥有的半杯水的人。

孩子的思考习惯其实很容易受到妈妈的影响。有些妈妈的性格里悲观色彩太浓，不管发生什么事情，总能抓住不好的一面进行抱怨，在她们的影响下，孩子会很难做到积极、乐观。所以如果想要孩子能够从逆境中看到积极的一面，家长首先要改变自己看问题的态度，给孩子正确的引导和暗示。

第二，让孩子学会从别人的角度想问题。

很多时候，我们不懂得感恩，是没有了解别人的想法，没有体会到别人的艰辛。如果妈妈经常跟孩子玩角色互换的游戏，让他经常从别人的角度出发去想问题，他可能会因为不同的感受而对别人多一些了解，那么当有人为他做了什么事情的时候，他才会心存感激。

第三，帮助孩子多留心身边美好的事物。

感恩需要细心。我们可以经常跟孩子玩这样一个游戏，在酷暑难耐的天气，比赛看谁能说出更多太阳的优点；在寒冷的天气里，看谁能找出更多冬天的好处……通过这样的练习，我们会帮助孩子在逆境中找到优势和希望，让他的眼光更容易为积极的、美好的一面停留。

第四，学会分享和给予。

人们经常会说，给予比获得更幸福。有能力给别人创造便利，让他人受益，会让孩子的内心得到满足。也许孩子现在还不懂得“给予”的哲学道理，但是通过在给予的过程中获得的满足感，孩子一定会变得乐于助人并且以助人为乐。

培养孩子的广阔心胸

姜宝是一个很聪明乖巧的孩子，就是特别爱告状，有一点小事情就去找妈妈、找老师，“妈妈，彤彤动我的玩具了”、“妈妈，爸爸不陪我玩”、“老师，我同桌总用胳膊碰我，我都没办法写字了”、“老师，乔乔欺负我，她把我的水彩笔都碰到地上了”等等。

一天，姜宝在小区里跟其他的孩子一起玩游戏，其中有一个孩子不小心摔倒了，顺带着把姜宝也刮倒了。姜宝很生气地从地上爬起来，来到那个孩子的身边，狠狠地踢了一脚。在一旁的妈妈看到了这一幕，赶紧上前拉住姜宝，并问他为什么要这么做。姜宝理直气壮地说：“因为他把我撞倒了，莫名其妙地摔倒地上，多疼啊！是他连累我的，所以我得还回去。”“可是他自己也摔跤了啊，也不是故意的，你应该学会原谅他啊！”妈妈说。“不，不原谅，谁让他弄疼我了。”姜宝撅着嘴，很不高兴地跟妈妈说。

在生活中，很多孩子都像姜宝一样，不懂得宽容和原谅别人，所以凡事都要计较，总是将矛盾激化，或者总想着要对别人施以报复。可是，这样的心态只会让孩子变成一个心胸狭窄的人，不利于健康的成长和融入社会。所以我们一定要教育孩子学会宽容，学会原谅别人，做一个心胸开阔的人。因为宽容能使人性情温和，消除许多不必要的矛盾，化干戈为玉帛。宽容的人，会更加受到别人的欢迎，因为他能更好地处理人际关系，能够很快地适应不同的生活环境，能够很融洽地跟别人合作，并且发挥出自己的潜能。

宽容，对孩子的个性发展和良好的人际关系的建立，都有着非常重要的意义。一个有宽容心的孩子，一个心胸开阔的人，往往心地会非常善良，性情温和，不斤斤计较，看问题也不会那么悲观，他所表现出来的宽容和大度，会感染身边的人，为自己在人群中建立威信并值得别人拥护。但是一个缺乏宽容心的孩子，常常会因小失大，总是在计较个人的得失，总希望生活按照自己的意愿发展，可是别人的思想是不受个人左右的，一旦经常出现违背他意愿的现象，他就会觉得全世界都与他为敌。这样的人看问题悲观，容易抱怨，对他人产生报复心理，并且易走极端，不易与人亲近。那么，我们应该怎样培养孩子的宽容心呢？

通常情况下，孩子的心理和情绪都是随着大人的心理和情绪波动的。小孩子特别会察言观色，学习父母处事的态度和方法。如果孩子在幼儿园和集体中受欺负，家长总是过度地干涉，就会使孩子失去独立解决人际关系冲突的机会，而家长对孩子“以牙还牙”的教育方式，更不利于孩子的成长。所以在教育孩子的过程中，我们首先要反思自己的方法是否正确，还要以身作则，为孩子做一个宽容和善待他人的好榜样。

下班以后，纪雨去幼儿园接孩子，发现女儿的脸上添了一道很深的抓痕，就问女儿是怎么回事。女儿回答说：“玩游戏的时候，有一个小朋友抓的。”纪雨非常不高兴，认为孩子被抓伤，老师应该负一部分责任，而且孩子脸上的伤口这么明显，老师竟然没有帮忙处理。但是她还是没说什么，把孩子带回家里给伤口涂上了药水。

第二天送孩子上学的时候，幼儿园的老师告诉纪雨说，孩子的脸被抓伤以后不能马上涂药，不然会留下疤痕。由于纪雨不知道怎么处理孩子的伤口，盲目地为孩子涂了药，还责怪老师不尽责，她顿时心生内疚。这时候，那个抓伤女儿的孩子的妈妈走过来，跟纪雨道歉说，孩子不懂事，抓伤了她的女儿，她感到很抱歉。纪雨虽然心疼孩子，但是也没有责怪那位家长，还一直宽慰她。而这一切，都被女儿看在了眼里。纪雨的行为无疑在女儿幼小的心灵里种下了宽容的种子。

由于家长的宽容，孩子才会淡化自己受到的伤害。但是如果我们不依不饶地向对方的家长兴师问罪，那么孩子很可能会受到妈妈的影响，变得尖酸刻薄，喜欢斤斤计较。所以我们在教育子女以前，首先要检点自己的行为，给孩子做好榜样，帮助孩子培养宽容的品质。

另外，我们也要让孩子明白：金无足赤，人无完人，每个人的身上都会有缺点。和别人相处的时候没有必要求全责备，应该学会求同存异。对于别人的缺点和不足，也要给予宽容和理解，遇到事情的时候，学会站在别人的立场和角度去考虑问题，这样才有利于孩子理解别人的想法和行为，让孩子对别人的痛苦感同身受，从而激起孩子的宽容之心。

让你的孩子更勇敢

4 岁的小明长得可爱、聪明，学东西特别快。可是他的胆子很小，在幼儿园里，有其他孩子打他，他从来都不敢还手，只会一个人躲在角落里暗暗哭泣。即使是有爸爸妈妈陪在他身边，每次去人多的地方，他也表现得畏首畏尾，一直往爸妈的身后躲。身为家长，当然不希望看到自己的孩子这么胆小懦弱，更不愿意看到自己的孩子整天被别的孩子欺负，可是我们应该如何教育和引导自己的孩子，让他变得勇敢起来呢?

曾经有心理学家提出，孩子产生畏惧的心理和大人是一样的，只是大人懂得怎么样去应付恐惧，而孩子除了被动地接受，完全找不到其他解决的方法。所以作为家长，我们应该细心地观察，找到孩子畏惧的原因，帮助他们消除恐惧的心理，逐渐树立起自信和勇敢的人格特质。为此，我们可以做到以下几点：

第一，多给孩子锻炼的机会。

“别动，那个会伤到你的，快把它给妈妈。”“当心点，别摔倒了，快抓住妈妈的手。”“小心，小心，我来。”……这些话是许多职场妈妈的口头禅。出于对孩子的保护或者不信任心理，我们经常在孩子试图挑战自己或者证明自己的能力之前，就扼杀了他们尝试的机会。由于妈妈经常性的代劳，让孩子产生了更多的依赖性，也会失去想要尝试的勇气。遇到挫折的时候，只会想到躲在妈妈的身后，而不想借助自己的力量去解决问题。

所以，如果孩子想要自己去做一些事情，我们一定要鼓励他们勇敢地尝试。遇到困难的时候，可以先根据自己孩子的特点作初步的判断，看他自己能够独立完成到哪一个步骤，在他能力范围之外的，我们再来帮助他，会让孩子更加愿意尝试，也会变得更加勇敢，敢于向困难挑战。

第二，从身边的小事做起，经常给孩子讲一些关于勇敢的故事。

勇敢的品质，不是我们嘴上说说就能帮助孩子获得的。它既包括了实际应对挑战的能力，也包含了坦然面对挫折、勇敢面对失败的能力。想要培养孩子的这些特质，就需要我们有计划地帮助孩子从身边的小事做起，比如说可以带孩子到人多的地方，鼓励他跟不同的人讲话；多带他参加一些体育活动，如爬山、跳高、跑赛等，既要让孩子在运动中学会怎么样保护自己，又要能让他体会到竞争时所带来的乐趣，孩子会变得更加乐于接受挑战。

在孩子的世界里，对世界的认知还不能完全通过自己的思维来判断，这时候往往需要借助于偶像或者故事的力量。我们可以经常给孩子讲一些关于勇敢的故事，这样，在有类似的状况时，孩子会借助于效仿的作用而变得更加勇敢。

第三，告诉孩子，人生是可以允许有很多次失败的。

不管是纸质媒体还是电视里，我们有时会看到孩子因为一次考试不及格而自杀的消息。在比赛中失利，在一件事情上表现不好，就全盘地否定自己，觉得自己的存在不再有任何价值的孩子不少。原因就是因为他们从小就没有培养出能够直面挫折的能力，缺乏承受竞争后果的能力。

无论是学校还是家长，大家在教育孩子的时候经常会告诉他们要一直往前冲，不畏艰险地往上爬，却经常会忽略孩子万一没有冲上去，或者说在竞争中失败了之后应该怎么办。所以一旦孩子的实际能力没办法支撑他继续往上爬，或者说他已经预感到自己快要失败的时候，心理上的挫折感会让他很快地否定自己，甚至产生轻生的念头。可是，如果我们在开始就告诉孩子，你应该勇敢地面对竞争和挑战，在这个过程中，你可能会成功，也可能会失败，只要你在失败的时候能够坚强地站起来，那么你的收获并不比一次性成功的人少。这样，一旦孩子失败了，他会知道应该如何应对，内心的压力也会相对减少，对挑战的畏惧感也会相对减弱。

第四，孩子勇敢的背后，是我们无条件的爱和支持。

孩子在成长过程中不可能永远都是一帆风顺的。在他失败的时候，向他伸出援手，给予适当的鼓励，要比在他成功的时候为他递上鲜花、给他掌声，更容易让他感受到来自父母的爱和支持。

在他做事情或者开始某一种尝试的时候，如果能够感觉到父母是无条件地站在他这边的，是可以给予他无限支持的，他的内心会产生更多的能量，会变得更加勇敢和自信。反之，如果在他想做事情的时候，对父母的爱表示怀疑，或者得不到父母的鼓励和支持，他的内心就会产生更多的负能量，怀疑自己并且否定自己，开始变得畏首畏尾并且失去勇气。

承诺无大小，兑现承诺

暑假的一天，妈妈要带贾浩文去姥姥家玩。

贾浩文已经很久没看到姥姥了，一直嚷着想姥姥。以前妈妈总是没时间，现在终于调出一天的时间，想要达成他的心愿，陪他一起去姥姥家。可是，贾浩文却一口回绝了。

“你不是早就想让我带你去姥姥家吗?”妈妈有些奇怪，“好不容易我今天有时间了，你怎么又不去了?”尽管妈妈的语气已经有些恼火了，可是他还是非常坚定地拒绝了。因为他前几天已经跟幼儿园的小朋友们约好了今天来他家里玩。虽然他很想见姥姥，可是他不能对小朋友们失信。妈妈听了他的理由以后，很是欣慰，因为看到儿子讲诚信，不管承诺大小，都能够主动兑现，这是很值得她高兴的地方。

职场妈妈都希望自己的孩子具有诚信的品质。因为诚信是道德人格不可缺少的要素，是安身立命之本。一个人只有信守诺言，才会被人信任，才能挺直脊梁、光明磊落地做人。可是有些孩子却说的是一个样，做的是另一个样；当面是一个样，背后另一个样。面对孩子的这种行为，许多职场妈妈既生气又着急，对孩子反复训斥也不见成效。

其实孩子是否诚信，很大一部分取决于父母。对于孩子那些言行不一、不履行诺言的行为，我们应该从对孩子的教育方式和孩子自身的成长方式上找原因，而不能随意打骂孩子。为此，我们可以做到以下几点：

1. 在生活中时刻贯彻诚信的理念，为孩子树立诚信的榜样

5 岁的杨曦看见别的孩子都在家门口的广场上玩旱冰鞋，就吵着让妈妈也给她买一双，并且要求妈妈星期天的时候带她去广场上玩。妈妈

因为着急出门，就答应她说：“好，只要你乖乖地听话，我回来以后就给你买。”

可是，等妈妈回来以后，杨曦看妈妈两手空空的，就特别失望地问：“我都听你话了，你怎么没给我买旱冰鞋啊？”妈妈见状，有些不耐烦地说：“你不是说星期天才出去玩吗？到时候再说吧！”

在生活中，很多家长都会这样，为了摆脱孩子而胡乱允诺，到时候却不兑现，这样很容易给孩子一种误导：承诺可以随便说出口，而不用认真兑现。父母是孩子最早的老师，我们的言行直接影响着孩子的成长，所以在孩子面前一定要讲诚信，不能说话不算话。如果孩子提什么要求，一定要考虑清楚，不要随口答应。对孩子一旦作出承诺以后，就要牢记于心，提醒自己及时兑现。如果因为某些原因确实没有办法兑现的，也应该及时向孩子说明情况，并且真心地表示歉意，和孩子商量应该用其他什么样的方式进行弥补。

2. 善于利用生活中的实例，告诉孩子承诺是一种责任

孩子放学后回到家里，妈妈见他一直闷闷不乐的，就问他发生了什么事情。他气呼呼地说：“今天手工课，老师说让每个小组准备一个土豆、两个胡萝卜，我同桌说他家里有，答应为我准备，可是今天他没带来，害得我们小组的人都挨老师批评了。”妈妈趁机对孩子说：“你看，答应了别人却不做，就是失信的表现。一个人如果失去了诚信，就可能会给别人带来麻烦和痛苦，以后和人相处的时候，也会不受欢迎了。所以，你以后是不是不应该像你同桌那样，做一个失信的人呢？”孩子听了，认真地点点头。

生活中总会有很多这样的实例，让孩子有切实的感受。通过这些实例让孩子明白道理，要比枯燥地说教效果更好。所以我们要善于通过实例让孩子理解：承诺是不可以随意允诺的，一旦答应了别人的事情，不管事情是大事小，都要努力去兑现，不管遇到什么困难，都应该积极地克服，努力实现承诺。

3. 帮助孩子完成他无法完成的诺言

信守诺言的前提是不随意许下承诺。在答应别人以前，我们一定要让孩子认真考虑自己是否有这样的能力，能够实现自己的诺言。如果自己没有能力做到，就不要轻易地把承诺说出口。如果自己有能力，也要给自己留有一部分余地，千万不要向别人夸下海口。这样，孩子在作出承诺的时候就会有一个适当的参考。

可能有些时候，孩子会高估自己的实力，对别人许下了承诺，但是自己却无法兑现了。这时候我们应该尽量帮助孩子实现诺言。如果实在难以完成，也应该鼓励孩子勇敢地向对方承认错误，并且真心地表示歉意。因为只有这样，孩子才会更深切地体会到诺言的责任。

自信的孩子越做越好

现在我们在 9 岁的芙雅的脸上看到的更多是阳光和笑容，但其实她曾经是一个非常自卑的孩子。

在芙雅的性格里面，有很多悲剧的气质，多愁善感、情绪化，别人一个并不带任何颜色的眼神，都能被她翻译成一堆复杂的符号，并且用它来伤害自己。比如，在课堂上，老师不经意的眼神飘过，她会觉得是因为自己做得不够好，老师的眼神才不会为自己停留；晚饭后她想帮妈妈做家务，妈妈说，你别做了，出去玩吧。她会觉得是妈妈不信任自己，觉得她会做不好，才不肯让她帮忙的。这种敏感而又忧伤的性格一直陪到了她小学二年级。

芙雅家里的生活条件一般，可是妈妈坚持“只有最好的学校才能教育出最出色的人才”，所以把她送进了家附近的一所贵族学校，但是当她走进那所学校的第一天，就是她灰色童年的开始。因为同学们吃的、穿的、用的都是名牌，家庭的富裕让那些孩子每个人的脸上都充满了自信和骄傲。敏感的芙雅发现，自己在这些同学中间，是那么的不起眼，俨然一个灰姑娘。这种自卑情结让她出于对自己的保护而把别人推开，独自留在狭小的、更悲剧的壳子里自怨自艾。

她成天缩着自己的身体，从来都不敢大声说话。这种情绪直接影响到了她的学习，芙雅在学校的成绩越来越不好，而成绩的不好，又加深了一层她的自卑感。孩子的转变，一直都看在妈妈的眼里，她一直在努力为孩子寻找方法，希望能够帮助芙雅恢复自己。

渐渐地，她发现即使是非常自卑的孩子，偶尔也会有大胆的举动，也会做得很好。也许孩子的这些行为在别人看来都微不足道，但是做父母的就一定要努力发现和捕捉这些稍纵即逝的闪光点，给予孩子必要的表扬和鼓励。比如，芙雅很喜欢画画，有一次美术课，老师让创作一幅主题为“家”的画，她的画色调虽然有些冷，但是把“家”的主题演绎得非常好。妈妈看到以后，就一直称赞孩子说：“这幅画画得真好，你最近进步真快。”

为了鼓励孩子，她把芙雅画得最好的画偷偷拿去参加少儿绘画比赛了，尽管没有得奖，但是她和孩子的爸爸一起，伪装成了孩子得奖的样子，并且给孩子伪造了一张证书。孩子知道自己得奖的那一天，高兴极了。妈妈趁机说：“孩子，你知道吗？有很多人参加这场比赛，可是你能从中脱颖而出，证明你是一个非常优秀的小朋友。也许你在某些方面不如别人，但是总有一些事情，是你能做好但是其他人做不好的。所以你要学会看到自己的优点和长处，变得自信一点，妈妈相信你可以的。”

从那以后，芙雅像是变了一个人，开始敢于走进人群，主动参加各种各样的比赛。因为有了第一次“获奖”的经历，她变得越来越自信，而因为心态放开了，知道了怎么运用自己的优点，芙雅的画居然真的得奖了。

妈妈看到芙雅的变化，特别欣慰。回想当初为孩子制造了一个假的奖项，但是看到孩子现在自信的样子，那些荒唐的举动又有什么关系呢？

因为有了自信，芙雅才会越做越好。事实上，也只有自信的孩子，才更容易走向成功。可是在生活中，很多孩子总是自我怀疑，常把“我不行”、“我不会”挂在嘴边。面对这些胆怯、退缩和缺乏自信的孩子，我们又该怎么做呢？

- 用肯定和鼓励的语言促进孩子树立自信

帮助孩子恢复自信的方法很多，抓住契机进行正面的引导尤其重要。如果孩子能够经常得到爸爸妈妈的肯定和表扬，会使他们兴趣盎然、信心倍增，情不自禁地向前努力，也能满足潜在的争强好胜的欲望，形成自觉向上的主观性。因此，要建立孩子的自信心，对孩子的任何努力都要给予很好的支持，看到孩子的进步，要给予适当的夸奖，并且要尽量地创造机会，帮助孩子尝试成功，因为成功感是建立自信心的最佳动力。

- 让孩子做力所能及的事情，增强孩子的自信心

如果孩子事事依赖，没有自己动手的能力，遇到事情的时候就会怀疑自己的能力，缺乏自信。但是，如果家长急于求成，突然把孩子放在一个陌生的环境里，让他学会自立，也会使孩子受到挫折、丧失信心。因此，我们应该为孩子创设宽松的心理环境，允许孩子尝试错误，并且放手让孩子做力所能及的事情。当孩子遇到困难时，给他提供建设性的意见，让他自己想办法解决，也能提高孩子的能力，帮助他们建立自信。

作为家长，我们必须明白，只有从日常生活入手，适时、适宜地让孩子做力所能及的事情，鼓励孩子克服苦难获得成功，给予孩子独立锻炼的机会，才能让孩子体验成功的快乐，建立真正的自信心。

帮助孩子放下骄傲的“尾巴”

徐东旭是一个非常聪明的小男孩，但是他骄傲自大，不能正确地评价自己。从小学一年级开始，他在考试中一直都名列榜首，而且在一次数学竞赛中，他一举夺得了全国第三名的好成绩，于是他下定决心要当一名数学家。如果他能因此而努力学习，脚踏实地地读书，有此志向也没什么不好。可问题是他并没有这样做，而是整天想入非非，觉得自己天生就是一个数学天才，根本就不需要再学习了。

他平常经常会看不起老师，觉得他们讲的东西都太简单了，即使是不听讲，也完全能取得好成绩。可是，事实并非如此。在一次期中考试中，徐东旭的数学只得了 56 分，其他科目的成绩也都大幅度下降了。对着自己的考卷，他不肯相信事实，连连抱怨老师找自己的麻烦，才给他这么低的分数。他的妈妈听了，暗自摇头叹息，却不知道应该劝说孩子。

作为家长，我们都知道，即使是再有才华的人，一旦骄傲起来，十有八九会走向失败的边缘。与过去相比，现在的孩子更容易产生骄傲自大的情绪。因为造成孩子骄傲自大、目中无人的原因主要有以下几点：

1. 父母的示范作用

有些父母由于本身的条件优越，经常会对周围的人不屑一顾，或者经常会在家里讲自己的同事、朋友在某些方面不如自己。孩子看到大人的表现，了解了大人对人对事的态度，自然就会模仿。

2. 物质生活的富足容易引起心理膨胀

现在的孩子大多是独生子女，从一出生就受到父母和隔代亲的宠爱，物质生活富足，很容易滋长孩子虚荣骄傲的心理，使孩子热衷于比较和炫富。一旦有同学的家境条件不如自己，他们就会通过嘲笑别人来寻找自己内心的满足。

3. 大人不适当的夸奖

很多家长都愿意夸奖孩子，可是夸奖其实是一种很难的学问，因为孩子很容易就得到家长的夸奖，就会认为自己什么事情都能做得很好，自己是一个非常优秀的孩子，所以很容易产生自负的心理。

因此，我们在教育孩子的过程中一定要谨慎，让孩子明白取得一些小的成绩，或者在某些方面做好了，并不是值得骄傲的事情，一定要保持一颗谦虚的心，才能看到别人的优势，学到别人的好处。骄傲自大是一个陷阱，它只会给人带来伤害，所以我们一定要帮助孩子从这个陷阱里面走出来。

给孩子做良好的示范

妈妈是孩子的第一任老师。在生活中，如果妈妈经常表现出自我优越感，看不起周围的同事和朋友，孩子自然会受到影响。所以在教育孩子之前，我们首先要端正自己的心态，正确客观地认识自己，谦虚做人，才能把这种品德逐渐地传染给孩子。

帮孩子认识到骄傲的危害

可以通过动画片、童话书或者现实中孩子熟悉的人和事，给他们讲解骄傲的害处。我们要抓住一切有利的时机对孩子进行思想教育，但一定要拒绝枯燥式的说教。因为如果家长反复地、了无生趣地讲解一件事情，就会引起孩子的反感，这样的教育是不会起到任何作用的。

让孩子学会客观地看待自己

每个人的身上都有缺点和不足。如果只看到自己的缺点，就容易产生自卑；只看到自己的优点，就会产生自负。所以我们一定要耐心地教导孩子，让他们学会正确客观地看待自己。当孩子陷入自卑的时候，我们要给予适当的鼓励和支持，让他发现自身的优点；当孩子陷入自负的时候，我们也要帮助他认识到自己的不足。

孩子之所以会出现骄傲自负的情绪，通常都是因为过高地估计了自己，认为自己就是最优秀的，什么事情都比别人强。在这种情况下，孩子往往只看到了自己的长处，而看不到自己的短处，或者习惯于拿自己的长处跟别人的短处比较。这时候，我们可以精心策划一些活动，让孩子栽几个跟头，并且给予正确的引导，帮助孩子反思自己的不足，这样孩子自负的心态可能就会在一定程度上减轻。

孩子没有朋友比考试不及格还要严重

7 岁的姚瑶放学以后经常是一个人在家玩耍，因为爸爸妈妈都需要上班，保姆为了不担当更多的责任，基本不会带她去同龄孩子聚集的小区游乐园或者楼前的空地去玩。而且，与其他孩子不同的是，姚瑶放学回来以后从来不去特长学习班或者文化宫，因此她跟同龄的孩子相处的机会少之又少。平时，她写完作业以后就一个人坐在屋子里打游戏，有时候也会做做填图，或者画画，但是兴致一直不高。周末的时候，妈妈会在家陪她，可是她一直都很少说话，总是躺在妈妈的怀里打盹、睡觉。

在学校里，姚瑶也不太合群，独自玩耍的时候比较多。每次老师安排座位，她都是选择最靠后的一排，而且经常缩在角落里，老师如果不刻意找她，总会把她忽略掉。下课的时候，其他的孩子都会围在一起玩游戏，可是她总怯生生地躲在一边。如果有热心的同学想要拉着她的手，想让她一起游戏，她也会冷冷地抽开自己的手，与同学保持一定的距离。同学们见她总是这副模样，也对她产生了抵触情绪，不管做什么都会很自然地排除她，将她彻底冷落了。

老师见到这样的情况，主动找到姚瑶的妈妈，把孩子在学校里所表现出来的问题都告诉了她。同时，老师也建议姚瑶的妈妈，平时要多关注孩子，把她带到更多同龄人的群体当中去，这样才能逐渐培养孩子的交际能力。有空的时候也要多跟孩子沟通，多培养孩子与人交流的能力，才能让孩子逐渐地融入群体当中去。

在对孩子的教育中，很多家长都侧重于孩子的学习成绩，但是如果孩子没有朋友，会比他每次考试都不及格更加可怕。因为现在的孩子大多都是独生子女，平时没有兄弟姐妹做交流，就会更加容易受到外界群体的影响。细心的家长会发现，孩子大约 10 岁以前，会对父母非常顺从。父母说这件衣服是漂亮的，他就会觉得很漂亮；父母说这个发型最好看，他就会觉得这个发型是最适合他的。但是从小学高年级开始，或者上了中学以后，你会发现孩子的生活重心似乎发生了改变，同伴对他的影响力逐渐开始超过了父母的影响力。如果早上他出门的时候，妈妈说这件衣服很漂亮，但是同学看了说："你的衣服真难看。"那么，第二天他肯定不再愿意穿这件衣服。这就是同龄人的影响力，在孩子到达一定的年龄以后，朋友的价值观会影响到孩子个人的选择。但是如果孩子从小就没有朋友，不知道怎么跟同龄人交往，或者在人群中一直被忽略，那么等到他需要朋友的时候，就会变得很迷失，从而越来越孤立。

所以，作为一个妈妈，我们一定要注意对孩子社交能力的培养。如果发现自己的孩子有些不合群，一定要在第一时间弄清楚问题产生的原因。一般来说，体弱多病的孩子多喜欢待在室内，不喜欢跟其他的孩子在外面奔跑、大闹，如果孩子是因为这个原因而变得不愿意跟其他人接触，那我们就要帮助孩子多锻炼身体，解决了根本的原因，才能帮孩子找到朋友。否则，一味地催促孩子多出去，多跟其他的小朋友们建立很好的朋友关系，只会引起孩子的反感，从而对其他的小朋友更加排斥。

有时候，孩子的社交圈子会受到父母的影响。职场妈妈由于工作的限制，社交圈子会逐渐变窄，只跟自己的家人和同事接触，那孩子在放学以后，与其他同龄的孩子之间的交往也会存在一定的困难。在成长的过程中，孩子会受到其他同龄人的影响，如果他接触的同龄人很多，那么社交能力会逐渐增强，反之就会变弱。所以为了孩子的发展，我们应该积极地拓展自己的交际圈，或者利用其他的方法帮助孩子接触到更多的同龄人。

一般来说，对孩子影响最深的人就是妈妈。在交朋友方面，妈妈也要以身作则，成为孩子的榜样。妈妈要待人热情，平时多请朋友到家里玩，见到邻居能够亲切地打招呼，并且能够积极地参加社区组织的各种活动等，给孩子做一个很好的表率，对孩子的社交能力也会有一定的促进作用。

划定“可、否”范围，培养孩子的自制力

低龄的孩子还不能判断和评价自己行为的适宜度，这时家长就需要给孩子划定“可、否”范围，让孩子很清晰地明白什么事情是可以做的，什么事情是不能做的，从而进行自我管理。

比如，很多小孩子都很喜欢涂鸦，拿着水彩笔到处乱画。这时候我们就要告诉他，在图画本上是可以随便画的，但是在墙上、地板上等地方是不可以随便涂抹的，以此来帮助孩子建立起“范围”的概念。起初，孩子可能略微地懂得“要这样做”“不能那样做”，即使不理解为什么，但习惯成自然。随着孩子年龄的增长，“可、否”范围也应该赋予更多道德上的意义，要让孩子明白为什么要这样做，如果超出了这个范围，产生的后果是什么。

范围一旦划定，就应该始终如一地让孩子遵守。但是由于孩子的好奇和叛逆心理作祟，家长越是不让他做的事情，他越是想要尝试。所以在最初的时候，孩子一定会试探性地往前进一步，让家长往后让一步。这个时候，坚持这个边线就非常的重要，因为一次的退让，不跟孩子计较，纵容孩子，后面就可能会节节退让，那么这个标准最后就变成了一张废纸，完全不起作用。所以在教育孩子的时候，一次例外都不能让其发生，违反了就得受罚。孩子为了避免受罚，就会学着约束自己，不做那些“范围”之外的事情。

有人说，孩子还这么小，如此严厉地要求他，会不会有些过分？严格地教育孩子本来就是一件痛苦的事情，玉不琢不成器，树木不修不成材，只有严格的教育，才能端正孩子的心态，矫正孩子的行为，让其健康成长。如果我们因为一时的不忍，在孩子违反了规定的时候进行放纵，那孩子会更加痛苦。因为当家长自始至终都给他规定了界限并且严格要求的时候，孩子会知道具体的界限在哪里。可是，当家长左右不定，时而纵容时而严厉的时候，孩子反而找不准行为的规则，不知道什么事情应该做，什么事情不应该做了。所以教育孩子就要是非分明、始终如一。只有我们对孩子严格，始终信守规则，才能在孩子的心目中树立威信，让孩子学会怎样去管理自己。

蒋月红是一位非常严格的职场妈妈。她从孩子一岁的时候，就给孩子划定了“可、否”范围，告诉他什么事情是可以做的，什么事情是不允许的。如果孩子犯了错误，就会给以惩罚。从来没有因为孩子小或者其他的什么原因，放宽对孩子的要求。她的这种教育方式跟现在的很多职场妈妈都有所不同。其他的职场妈妈常常会因为不忍，对孩子的要求时松时紧，反复无常。这样的教育模式只会助长孩子的“投机”心理，而对孩子自制力的培养丝毫没有帮助。所以，我们在想管住孩子的同时，先要管住自己，不要因为自己的定力不足而破坏了对孩子的教育。为此，我们可以做到以下几点：

1. 规矩不能定太多，应该抓主要矛盾

如果规矩制定得太多，孩子不仅会记不住，还可能会对过多的规矩产生厌烦。所以我们只能针对孩子经常犯错的几个方面来制定规则，或者对孩子的健康成长可能产生不良影响的几个主要方面来进行督促，才能收到意想的效果。

2. 制定适度的奖罚

对孩子行为的督促，一定是伴随着奖罚发生的。家长的奖励可能是孩子坚持下去的动力。精神上，我们可以多赞赏孩子："你真棒，再坚持一下，一定会成功的。"物质上对孩子的奖励不要太频繁，不能说"你今天坚持到最后，我就给你买玩具"之类的话，因为这会引起孩子的表演欲，不利于自制力的培养。

孩子犯了错误，出现了破坏性行为的时候，我们要分清是无意破坏还是有意的破坏。无意破坏是由于孩子的身体平衡度不够或者动作不协调导致的，而有意破坏往往是孩子试探性的行为，比如说把新买回来的童话书撕碎，把碗摔在地上等等。孩子不同的破坏行为，要区别对待，不能一味地批评和惩罚。

3. 在游戏中培养孩子的自制力

游戏是培养孩子自制力的好方法。比如我们可以跟孩子一起做"警察抓小偷"的游戏，让孩子扮演警察，并且告诉他即使跌倒了也不许哭，或者一定要站在那里不许动。在游戏的氛围里，再淘气的孩子也能坚持住。在这个过程中，有利于孩子自制力的形成。

把你的孩子培养成“领头羊”

在最伟大的美国总统评选中，已经去世120年的林肯总统至今还位居榜首。到底林肯总统具有何种魅力，能够时隔多年还征服世人呢？为了找到这个答案，我们不得不研究一下他的成长经历。

林肯9岁的时候就失去了母亲。也许正是因为这一次的精神打击，使得性格本来就有些腼腆的林肯变得更加害羞，行为举止也变得更加的消极，以至于他经常被身边的孩子们欺负，在女孩子当中也特别的不受欢迎。

林肯一度很自卑，觉得自己什么事情都做不好，也找不到任何擅长的事情发挥出自己的价值。可是，当他进入青少年阶段时，他发现自己具有讲故事的天赋，于是他不断开发和运用这个才能，很快就融入到了集体当中，跟很多年龄相仿的人都成为了朋友。林肯之所以会取得这样大的成功，跟他继母对他的爱和关心是分不开的。

著名心理学家弗洛伊德曾说过：“母爱能激发一个人的成就，使其拥有正确的价值观，能使他更为成功。”还有其他的很多调查研究表明，许多领袖人物之所以会具备超强的领导能力，发挥出独有的成功者的人格特质，都是跟母亲的教育分不开的。那么作为职场妈妈，我们应该怎么样教育孩子，才能让他们具备领导才能，成为人群里的“领头羊”呢？

1. 增加孩子与其他人面对面的沟通机会

随着网络信息产业的飞速发展，现在的孩子不同于父母那一辈，在室外活动的时间越来越少，这样难免会减少与人面对面沟通的时间和机会。在这种情况下，要想培养孩子的领导能力，职场妈妈就不能忽视孩子与其他人面对面沟通的方式。因为单纯地以电脑为媒介的沟通方式，会让孩子缺乏社会性知识的掌握，甚至会使面对面沟通的能力降低。

与人面对面的沟通有很多的好处，不仅能够强化别人对自己的印象，更能促进情感上的共鸣。最主要的是，这种沟通方式有助于了解事情的真相，便于区分敌我关系。而且，经常频繁地面对面交流，也会便于对对方的了解，增加彼此的信任。

试想，如果身为一个领导者，不能通过与人交流给人留下强烈的印象，不能通过语言表现自己的能力，只是每天坐在办公室里，查看下属送过来的文件，凭着自己的直觉为事情下评断，一旦决策失误，后果将不堪设想。如果是与别人面对面交流得来的信息，通过与人广泛的交流，集思广益，深入思考，最终做出来的决定，就会更有价值，更具有执行的意义。

2. 让孩子经受更多的失望和挫折

在成长的过程中，孩子必然会经历诸多的体验，这其中可能会有喜事、乐事，但也会掺杂着一些失望和挫折。在孩子深陷失败时，职场妈妈不要因为心疼就主动帮忙，或者百般提醒让孩子回避挫折。只有让孩子经历过更多，他们才会比别人更有耐力，也会比别人更能经受得住生活的考验。而想要成为一个领导者，必须具备足够的耐力，能够经受得住更多的打击。所以，职场妈妈千万不要因为自己的主观情绪，就阻碍孩子的成长和进步。

3. 培养孩子的包容力，使其能够客观地面对别人的批评

受到他人的批评时，很多人都会把它当成是一件不开心的事情。假如自己是被完全不明真相的人给冤枉了，恐怕一个人的忍耐会飙升到极点。但是想要做一个领导者，就必须培养孩子的包容力，让他能够以坦然的姿态去面对别人的批评。为此，职场妈妈一定要让孩子明白“被人批评并非都是不好的事情”、“即使一个人做得再好，也不可能让所有的人都满意”等等这些简单的道理。

另外，职场妈妈也要让孩子知道，当心理压力过大的时候，应该学会用适当的方式发泄出去。因为一个人的心里如果压着太多的事情，会影响自己的情绪，最终影响自己的判断力。只有适当地发泄，才更有利于心理健康。

4. 将心比心地考虑问题

一个好的领导者，必然要学会站在别人的立场上思考问题，即具备将心比心地思考问题的能力。因此，职场妈妈必须让孩子养成与对方互相交换立场思考问题的习惯，要经常性地将与自己处境不同、立场不同的人的感受和想法讲给孩子听。

5. 推荐孩子多做一些需要团体配合的游戏

有些事情独立处理会更有效率，但是想要孩子具备领导者的品质，还需要让孩子学会团队协作的精神，让他在群体里面培养自己的号召力。所以，职场妈妈可以推荐孩子多做一些需要团体配合的游戏，并且让孩子在游戏当中积极动脑，培养孩子在群体里的影响力和号召力。

孩子只有在妈妈的潜移默化的影响下，才能逐渐培养自己的领导能力，成为人群里的佼佼者。所以职场妈妈一定要注意对孩子的教育方法，千万别因为自己的失误而影响了孩子未来的发展。

第十章　宝宝聪明就这样简单

开心一刻

课堂上，老师要检测小淘气的智力，就问道：小淘气，树上有10只鸟，开枪打死了1只，还剩下了几只？

小淘气：手枪是无声的吗？

老师：不是的。

小淘气：枪声有多少分贝？

老师：80到100分贝。

小淘气：那样的话，耳朵会被震得很疼的。

老师：是的。

小淘气：在城市里打鸟不犯法吗？老师不是告诉我们要爱护动物吗？

老师：这只是一道测试题，我们是假设。

小淘气：假设的话，您确定鸟真的能被打死吗？

老师：确定。拜托，请告诉我还剩下几只鸟就行了。

小淘气：树上的鸟有没有耳朵失聪的？

老师（满头汗）：没有。

小淘气：有关在笼子里的鸟吗？

老师：没有！

小淘气：旁边有没有其他的树，树上还有没有其他的鸟？

老师：没有！

小淘气：有没有残疾的鸟，或者是饿得飞不动的鸟？

老师：没有！

小淘气：算不算鸟肚子里的鸟蛋？

老师（面色发青）：不算～～～～

小淘气：打鸟的人有没有眼睛近视，或者是老花眼？保证是10只吗？

老师：打鸟的人视力很正常，保证是10只鸟。

（此时，下课铃声响了）

小淘气：这10只小鸟当中，有没有傻得不怕死的？

老师：（晕倒）

小淘气：会不会一枪打死两只？

老师：不会！

小淘气：所有的鸟都可以自由活动吗？

老师：完全可以！

小淘气：如果您的回答是真实的，打死的鸟要是挂在树上没有掉下来，那么就是一只，如果掉下来就1只都不剩了。

老师：（昏倒在地上）

每个孩子都是“小淘气包”。想要让孩子变得聪明，其实很简单。

学习需要诱惑

如果你的孩子不喜欢学习，千万不要总是逼着他去学习，也不要总是拿他跟其他的孩子做比较，拿不爱学习这件事情刺激他，更不要每天都因为这件事情教训他。因为职场妈妈如果采取强硬的手段去面对孩子，不但不能让孩子爱上学习，反而会让孩子对学习更加抵触。

有一位职场妈妈，看同事家的女儿学习特别好，而自己的儿子每天都沉溺在游戏里无法自拔，对学习的事情不闻不问，特别的着急。有一次，同事刚好带着自己的女儿来他们家做客，她觉得这是一个教育儿子的好机会，就对儿子说："你看，这次考试玲玲所有的科目都得了满分，你还比人家大一岁呢，才考多少分啊？你以后也得努力学习了，别总想着玩，一点出息都没有。"说得儿子特别难为情。

很多职场妈妈都愿意在外人的面前说自己的孩子，希望以此能够给孩子一种积极的刺激，但是这样说往往会让孩子对学习更没有信心，而且觉得很丢面子。孩子其实是很要面子的，尤其是小男孩，他会希望自己在女生面前变得强大，如果妈妈总是拿自己跟别的孩子做比较，说他不好的地方，他的自尊心会受到很大的伤害，对学习这件事情也会越来越厌恶。相反地，如果你想要让他做什么，应该恰当地在小女孩面前表扬他，在外人面前赞赏他，他会更乐于表现。

有时候孩子不愿意学习，一方面是对家长的"指令"非常地抵触，觉得家长总是在强迫自己做不喜欢的事情，心理上会有一种压力；另一方面是因为他对学习产生不了兴趣，没办法投入其中，或者说即使强迫自己去学习了，也体会不到其中的快乐。那这个时候，家长就要"诱惑"他，让他自己爱上学习。

江宁的孩子已经上小学四年级了，班里其他孩子的英语学得都不错，唯独她兴致索然，对这门语言很排斥。为了让孩子能够对英语产生兴趣，江宁特意买了很多有意思的英语动画书。每天干完活之后就自己坐在桌子前看，然后有意无意地把一些情节讲给孩子听。讲到引人入胜的地方，她就会停下来说，我先给你讲这些，还有一些工作没处理好，妈妈要去忙了，等以后再给你讲其他的。

这样几次，孩子心里痒痒，看她着急，江宁就顺水推舟地说："妈妈也很想知道后面精彩的故事，可是实在是没有时间。这样吧，你来看，之后讲给妈妈听，好吗?"开始的时候，孩子会特别迟疑，觉得上面全是英文，自己也看不懂。江宁看出孩子的顾虑，鼓励她说那些单词并不难，偶尔有几个看不懂的词没关系，大概看懂意思就行，而且哪些单词影响她理解故事的意思了，可以查词典或者问妈妈。她听妈妈这样说，就开始自己去看那些动画书了。

学英语不是一个很难的过程，只要孩子愿意学了，很快就能放下对这门语言的排斥。等到她看完以后，江宁总是让孩子把她看到的故事情节复述一遍，偶尔还会问她："这段太有趣了，原文是什么？你告诉妈妈，妈妈回单位好给同事讲。"孩子就会兴致勃勃地念出一段英文来给她听。这样，孩子不仅能够自己阅读很多英文的片段，还锻炼了口语表达的能力，而且她对英语的使用越来越熟练。考试的时候，她的英语成绩进步了一大截，让她恢复了信心，也变得越来越喜欢英语了。

看到孩子不愿意学习，很多职场妈妈都会用"未来"来劝导孩子，说如果你不学习，以后就不能考上好的大学，到时候就没有工作，没办法生活等等。孩子对未来的概念还很模糊，他也不知道学习对于他以后的生活会产生多大的影响，所以唯一能够让他决定做与不做、学与不学的标准就是兴趣。他一旦对一件事情产生了兴趣，就会很认真地去做，但是如果没有兴趣，家长越是强迫，他的反弹力就越大，对这件事情的抵触心理会越强。其实孩子和大人一样，最难抵挡的就是诱惑，最讨厌的就是强迫，所以如果想要孩子爱上学习，就一定要诱惑他，让他自己产生兴趣。

妈妈学堂——如何让孩子更愿意学习

1. 跟孩子一起学习。歌手伊能静曾在书中写道：儿子每天做作业的时候，她也会坐在书桌前抄书。妈妈学习的样子会让孩子产生学习是一件有趣的事情的印象，而且职场妈妈和孩子一起学习，能使亲子关系更亲密。

2. 学习的来源不应该局限于书本。可以通过看动画片、电视剧、玩游戏，向孩子传授知识，也可以通过现实生活中的实例让孩子明白道理。

3. 每个月邀请一次孩子的朋友或者同学来家里，组织“学习交流会”。聚会上，孩子们可以品尝美味的食物，更重要的是和朋友交流最近看了哪些好看的书，有什么感想，在学习上遇到了哪些麻烦，其他人有没有经历过，并且是否找到了解决的方法。聚会的形式可以督促孩子认真学习，又不至于太过正式，使孩子产生发言的紧张感，而发言练习是在潜移默化中才能达到效果的。

4. 让学习更有趣味。比如在做课外阅读的时候，读到一些有趣的故事，可以让孩子加入一些形象的表演；练习英语听力时，可以加入歌曲和简单的节奏。孩子学习告一段落，可以让孩子享用冰激凌或者饮料，让孩子畅谈之前学习过的内容。总之，我们要想办法让学习变得更有趣味，孩子才能更喜欢学习。

以优势带动弱势的培养模式

5 岁的贝贝特别聪明，懂得很多天文地理知识，还在环保发明大赛上拿到过优秀奖，成为了一个很有名气的“小发明家”。在很多家长眼里，贝贝就是一个成功教育的标本，是自家的孩子都应该学习的榜样。可是，就是这样优秀的孩子，在他妈妈的眼里仍然存在着很多的缺点和不足。

贝贝的妈妈个性爽朗，身材高挑，外形时尚，是一家科技公司的研发部经理，事业非常成功。贝贝的爸爸性格温和腼腆，不善于表达，见到人的时候，除了打招呼用语，经常找不到其他的话题。这样性格迥异的两个人养育的孩子，自然集合了他们的不同特征。在对天文地理的研究上，小贝贝秉承了妈妈的聪明，但是在待人处事上，他则继承了爸爸的温吞。这让他的妈妈感到很不满。

她经常会跟幼儿园的老师说：“这孩子的性格太内向，见到谁都不爱说话，除了天文地理的一些东西，他对什么都不感兴趣，我真怕他以后什么事情都做不成。”由于受妈妈的委托，幼儿园的老师一直对贝贝很关心。她觉得贝贝的神情总是有点羞涩的，但是她能感觉得出来，贝贝其实是渴望与陌生的伙伴们接近的，但是他一直都不敢说，不敢去表达，也不敢去靠近其他的孩子。所以老师经常会找他谈话。

刚开始面对老师的时候，贝贝很紧张，词不达意的，还经常出现口吃的毛病。老师只好安慰他说：“别紧张，想好了再说。”慢慢地，他对老师越来越熟悉，也越来越信任，总是默默地跟着老师，给老师讲一些自己感兴趣的事情。

他的话题总是离不开一些天文地理方面的知识。比如说天象、星座等。他经常会自问自答，向老师介绍八大行星的名称并且能说出它们各自的特点：木星拍扁了是土星、金星像是一个金色的圆盘挂在天空中……他认识很多星座，如牛郎星、织女星、北斗星等等，经常会在纸上画出它们的位置和排列的图形。

有一次，他很气愤地跟老师说幼儿园里的另一个小朋友晨晨一点儿都不懂天文知识，还说月食的时候是天狗吃了月亮。贝贝解释说，那是很迷信的说法，科学家早就已经证实了，月食是因为地球挡住了太阳的光，所以人们才看不见月亮，发生了月食。讲这些的时候，贝贝没有半点羞涩，神情中带着满满的自信。

老师趁机问他："你怎么会知道这么多?"

贝贝回答说："我是听妈妈说的，妈妈是个很厉害的研究员，我以后也要像她那样，做一个很伟大的科学家。"

"贝贝真棒，这么小就有这么大的理想！可是当个科学家不光要懂得天文和地理方面的知识，如果你想发明一台机器，把人类送上外太空，就需要计算到外太空的距离有多远，所以贝贝要学好数学；等你有了好的想法，要说出来别人才会了解，你要把你的想法分享给每一个人，别人才能帮助你做实验，所以贝贝要学好语文，写好作文。只有把现在的功课做好了，你以后才能当一个科学家。你愿意学这些东西吗?"

"愿意。"贝贝毫不犹豫地大声回答。

从贝贝的喜好出发，让他不断地自我表达。我们会发现，他不再是妈妈眼中那个性格内向、不敢表达的孩子，也对除了天文地理以外的事物产生了浓厚的兴趣。所以，我们在教育孩子的时候，应该多从孩子的兴趣和长项出发，引导孩子多读、多听、多看、多想，把孩子的视角放大，让他获取知识的层面不断地拓宽，这样孩子就能够从单一的兴趣爱好转向多方面的发展了。

后来，贝贝不单是自己对天文地理的知识有兴趣，还经常会找一些有趣的故事，讲给其他的小朋友们听，他和其他小伙伴的关系也越来越融洽，他的性格也变得越来越开朗了。不仅如此，他的每一项手工作业都做得很用心，对老师传授的每一样知识，他都很用心地听、记，考试的时候，成绩一直都是名列前茅。这就是以优势带动弱势的培养模式所起到的作用。

孩子很小的时候，经常是从兴趣出发，主动涉猎自己感兴趣的知识，其他的方面可能会因为兴趣不浓而忽略，从而成为了他们的弱项。但是孩子的弱项是可以调整的，只要我们能够发挥“以长带短”或者“以强带弱”的教育模式，让孩子的兴趣不断拓宽，并且在学习中找到自信，那么孩子的弱项也会逐渐地变强。

孩子需要启发性引导

孩子毕竟是孩子，很多事情都分不清对与错，所以职场妈妈应该给予适当的启发式的引导，让孩子能够主动管理自己的行为。

4 岁的张远最近有一个特殊的爱好，每天都要把他的玩具蛋糕、面包、水果、零食和饮料都摆放在床沿边上，想吃的时候就跑过去吃，还经常会邀请爸爸妈妈和他一起吃。妈妈猜测，这可能是张远自己做的自助餐，因为前几天他过生日的时候，爸爸妈妈带着他去一家日本料理店吃了自助餐。

这些“食物”白天摆放在床边上也就罢了，妈妈可以让他到爸妈的房间里午睡，可是到了晚上，他还是不肯把那些东西都收起来。如果爸爸妈妈强行收拾，他就会哭着要求爸爸妈妈把所有的东西重新放好。等孩子睡着了以后，爸爸妈妈偷偷地把所有的东西都收拾走，并且藏到他找不到的地方，他醒过来以后就会大哭大闹，弄得全家都不得安宁。爸爸妈妈实在忍受不住，把东西又帮他重新放回床沿边上，他才会破涕为笑。

为此，妈妈百般劝说张远，让他把东西收起来，但是一点效果也没有。有一天晚上，妈妈终于想到了一个办法。她给张远讲了一个故事，说有一个小朋友，总是喜欢把自己喜欢的食物都摆放在床上，可是晚上他躺在床上睡觉的时候，不小心把食物都压在了身底下，食物被压疼了，就哭着对这个小朋友说："你是个坏孩子，明明不应该把我放在这的，可你偏偏要这么放，你看你都把我给弄疼了，还不把我从床上拿下去?"

张远听了，连声问妈妈："食物也知道疼吗?""当然了，它们不但知道疼，还会觉得不舒服。你要是把它们放在它们不喜欢的位置上，它们就会很难受。你知道它们最不喜欢被放在什么地方吗？就是床上。"说完，妈妈问张远要不要收拾"食物"，张远很主动地把他的玩具蛋糕等统统收拾到了餐桌上。妈妈和他之间的"食物大战"终于结束了。

在很多时候，如果职场妈妈希望孩子能够按照大人的要求做事情，让他们遵守某种规则时，光讲道理是不行的，用成人的语言、命令的语气教导孩子，也往往无法取得预期的成效。我们只有把孩子当成是朋友，按照他们的语言模式和思维习惯去跟他们沟通，才能与孩子产生共鸣，让孩子听话。

幼儿园里，老师给孩子们分配了拼版，让他们每个人都拼出一座房子。有一个小女孩利用这些拼版，拼出了一座很漂亮的城堡。可是壮壮只用了一块长方形和一块三角形。他妈妈在一边看着，着急地说："你看看，人家用了那么多的材料，拼出了一个那么漂亮的城堡，你这拼的是什么啊?"

"房子。"壮壮回答说。

妈妈火了："人家拼房子，你也拼房子，可是你看看你拼的这个是房子吗?"

壮壮一下子蒙了，小嘴一撇，委屈得哭了。老师见状，赶紧过来说："壮壮拼的房子虽然小，可是他拼得特别快，做得很好，也很漂亮。"壮壮才止住了哭声。老师继续说："壮壮你看，你做这个房子做得这么好，旁边的小姐姐做了一个那么大的房子，你能不能也用这些材料，做一个更大、更漂亮的房子呢?"壮壮点点头，开始摆弄这些拼版。十几分钟以后，一个很大的、很漂亮的房子摆在了妈妈和老师的面前。

孩子的思维是非常简单的，当接到搭建一座房子的指令以后，壮壮觉得只要搭建成房子的形状就可以了，可是在一旁的妈妈却希望孩子能够表现得更好，搭建得更加漂亮。但是，壮壮显然不懂得妈妈的意思，而妈妈在跟壮壮沟通时，也没能引导孩子明白自己的意图，按照自己的想法去做。这是方法性的失误。

所以孩子如果不配合或者做的事情不能令家长满意，我们不要先忙着责备孩子，而应该先检视一下自己的指令是否明确，让孩子真正懂得了自己的意思。在向孩子传达自己的意图时，要按照孩子的思维角度，从他们的视角出发，用他们习惯的沟通方式，启发式地引导孩子，才能让孩子更容易接受，也更容易改变他、纠正他。

把孩子培养成"记忆超人"

对于孩子来说，记忆力非常重要，学拼音、识字、学外语都需要用到记忆力。那么，怎么样才能提高孩子的记忆力，把他培养成"记忆超人"呢?

很多职场妈妈在对孩子进行学前教育的时候，通常都会让孩子利用死记硬背的方法，记住一些数字或者诗词。可是这种方法只会让那些知识短暂地存留在孩子的记忆当中，每次记忆的最长时效不超过一天，短的可能只有几秒钟。如果我们想要信息长期地存留在孩子的记忆当中，就只能根据孩子的年龄特点和兴趣出发，帮助孩子总结好的记忆方法，比如找规律等等，让他先抓住事物的规律和特征，他才能记住。

孩子在幼儿时期，记忆力会快速发育，这个时候他们会表现出以下几个特点：

1. 形象记忆

在幼儿时期，受到思维能力的局限，孩子在观察事物的时候，很少能够深入地去体会事物的本质，也很难理解抽象的描述，只会对那些形象鲜明、生动的东西感兴趣。比如我们想让孩子认识鸭子，对他说上百遍鸭子的特征，孩子也未必能记住。但是如果我们拿来一个鸭子的玩具或者一幅关于鸭子的彩画，他就会很容易记牢。

2. 记忆的内容存留时间短

心理学家曾经做过实验，把孩子见过的事物在他的眼前重现，发现1岁以内的孩子只能认得几天以前的事物；2岁左右的孩子，只能记得几个星期以前的事物；3岁左右的孩子可以记得几个月以前的事物。如果孩子见过的事物以后没有出现在他的面前，1岁以内的孩子不能回忆起来；2岁左右的孩子可以回忆几天以前的事情；3岁左右的孩子能够回忆起几个星期以前的事情。比如，妈妈出差一个月以后，回来想要抱孩子，他会本能地抗拒。这时候妈妈不要觉得伤心，因为孩子的记忆力是有限的，他已经忘记了妈妈的样子了。

3. 记忆力会受到环境和情绪的影响

孩子的自我控制能力比较差，记忆力容易受到环境和情绪的影响，缺乏稳定性。

针对孩子记忆力的特点，我们可以利用以下的方法来帮助孩子增强记忆力：

1. 把抽象的事物形象化

在给孩子讲故事或者读儿歌的时候，可以把那些抽象的故事情节形象化。比如《小鸭子游泳》这首诗，孩子听后首先记住的是“小鸭子摇啊摇，扑通一声跳下河”，诗句中“摇啊摇”、“扑通一声”这些生动形象的语言，更有利于孩子的理解，便于记忆。我们还要善于运用一些浅显易懂的比喻手法破解抽象的事情，在孩子的脑海里留下难忘的印象。比如在画金鱼尾巴的时候，可以告诉孩子金鱼的尾巴分开的叉就像是一片一片的柳树叶。这样孩子不仅记住了金鱼尾巴的样子，而且比较容易画出来。

2. 借助游戏来帮助记忆

孩子都是通过玩来认识世界的。游戏不仅可以巩固和丰富孩子的知识，还能帮助孩子发展语言和智力。职场妈妈可以把知识融入到游戏当中，让孩子在游戏中学习，在游戏中记忆。比如给孩子讲《乌鸦喝水》这个故事，妈妈可以跟孩子一起进行表演的游戏，给孩子化装，让他假扮成乌鸦，不断地把石子扔进瓶子里，亲自体会这个过程，孩子就会在表演的浓厚兴趣里将这个故事记牢。

3. 利用多重感官帮助记忆

让孩子的视觉、听觉、嗅觉和味觉等感官系统都参与到记忆当中，会有更好的效果。比如，想要让孩子认识石榴，先让孩子看，观察石榴的形状，然后摸它，看手感是什么样的，还可以闻一闻，尝一尝，这样孩子就了解了石榴的颜色、形状、味道，最后让孩子画一幅关于石榴的图画，会更有利于孩子的记忆。

4. 找出不同事物的异同点

在引导孩子认识类似的事物的时候，可以通过比较的方法，找出不同事物的异同点，帮助孩子加强记忆。比如我们可以告诉孩子，长鼻子的是大象，长脖子的是长颈鹿，让孩子通过玩具的模型认识到大象和长颈鹿的不同，明确记住这两种动物的不同特征。

5. 给孩子留作业，发展有意记忆

当孩子逐渐进入到幼儿园或者小学学习的时候，记忆力已经成为一个简单的系统，可以培养孩子的有意记忆能力。比如孩子在幼儿园认识了长方体、立方体、圆柱体以后，可以让孩子在家里找出什么东西是长方体的，什么是立方体的，什么是圆柱体的，以加深对物体形状的认识。如果孩子学习了诗歌，可以让孩子背给爷爷奶奶听。

6. 加强复习，增强记忆

由于孩子的记忆存留时间短，所以必须经常复习才能增强记忆的效果。

总之，发展孩子的记忆力不能靠让孩子死记硬背，要根据孩子的年龄和兴趣特点，找准适合他们的方法。另外，孩子记忆力的培养，与孩子观察力、注意力、想象力、表达能力等方面的培养都是相互联系、相互促进的。只要我们做一个有心的妈妈，积极地开发孩子的智力，孩子的记忆力就会跟着得到提高。

因材施教，顺应孩子的天性

妍妍的妈妈高兴地去女儿的学校参加六一儿童节联欢晚会，她希望在舞台上看到女儿精彩的演出。但实际上她不仅在舞台上没有找到自己的女儿，在舞台下也没有发现女儿的身影。原来，妍妍的妈妈去年参加了一次六一儿童节晚会，看到别人家的孩子钢琴弹得很好，回到家里就要求女儿也在这方面接受训练，并且告诉女儿说，等到明年的时候，一定要在舞台上表演一个钢琴独奏的节目。

在钢琴方面没有天赋的妍妍，不管怎么训练都找不到感觉。但是妈妈为了要让她能够在舞台上有一个惊艳的演出，强迫她每天都练琴。可是明知道自己不行，却要硬着头皮上台，妍妍害怕出丑，所以就在晚会还没有举行的时候，偷偷跑开了。

妍妍的妈妈想让孩子在钢琴方面有所成就，希望孩子能够在舞台上有惊艳的表现，所以强迫孩子学习钢琴，结果事与愿违。这其中的原因是她没有注重孩子的自然天性，不了解孩子的个性特点，没有对孩子进行因材施教。

诚然，现在的职场妈妈都懂得对孩子进行早期教育的重要性，许多职场妈妈省吃俭用、节衣缩食地为子女创造条件，让孩子去学习钢琴、电子琴、画画、舞蹈等特长。可是，并不是所有的孩子都适合做音乐家、舞蹈家、美术家。很多孩子可能对音乐、舞蹈、书法根本就提不起来兴趣，也没有学习那方面的天赋，所以即使是父母再怎么逼迫，也不可能培养出这方面的人才。相反地，父母越是强求，孩子的心理会越叛逆，到最后失望的还是我们。

想要让孩子成才，唯一的方法就是因材施教。因为每一个孩子在智力、性格和心理方面都会表现出他们的独特性，每个人都有他不同的优点和缺点，我们只有了解了孩子的自身特点，顺应孩子的天性，采取合适孩子自身的教育方式，才能达到事半功倍的效果。

首先，认识孩子是因材施教的前提条件。

兵兵是一个小学二年级的学生，经常被同学说成是“音痴”，因为在音乐课上，不管老师怎么教，他唱歌总是跑调。兵兵知道自己在音乐方面的表现非常糟糕，因此心里有些自卑。可是，兵兵的妈妈却是这样看待的，她认为孩子的音乐成绩不好，但是在速算方面，他却经常表现惊人，所以她总是鼓励兵兵发展在速算方面的强项，让孩子把长处发挥出来。

因为在速算方面的自信，兵兵逐渐爱上了数学。有一次，他代表学校参加全省的小学生数学竞赛，竟然获得了第二名的好成绩。

正是因为兵兵的妈妈了解了自己孩子的长处，鼓励孩子发挥出自己的优势，不管这个优势在一般人的概念里价值有多大，只要它能给孩子带来自信，让孩子体会到自己的价值，那她就鼓励孩子去做。这就是一种因材施教。每个孩子都有不同的特点，只有当我们认识到孩子的优势在哪里的时候，才能从实际出发，科学地掌握教育的方法，为孩子的成长打造出最佳的教育模式。

其次，不能按照自己的意愿要求孩子练习特长。

很多职场妈妈经常会从自己的观点出发，要求孩子去练习某一种特长，或者强迫孩子在一定的时间内掌握一种特技。也许妈妈的出发点是好的，但是如果孩子的兴趣并不在此，或者说他确实在这一方面没有天赋，那么我们的强求，只会打乱孩子的兴趣和发展。尤其是在音乐、美术、舞蹈等方面，学习者往往需要过人的天赋，再加上后天的练习，才可能在这方面有所造诣。但是没有认清孩子的现实情况，就强迫孩子学习，只会起到事倍功半的效果。

第三，不能盲目地参考和照搬别人教育孩子的模式。

美嘉的学习成绩一般，她妈妈最初的时候一直都比较注意督促孩子的学习，可是当听说别人的孩子不用管也能学习成绩很好的时候，就放弃了对美嘉的督促。可是，美嘉对学习的主动性不强，家长对她的要求放松了，她的学习成绩就开始直线下降了。这时候，美嘉的妈妈才知道，别人对孩子的教育方法，根本就不适合自己的孩子。

的确，盲目地听信别人的教育经验，生搬硬套别人的教育模式，并不一定达到相同的效果。我们只有认清自己孩子的特点，采取适当的教育方式，才能让孩子更加进步。

第四，要根据孩子的性格选取教育的方式。

每个孩子的性格都不一样，有的孩子天生敏感多疑，有的孩子胆小懦弱，有的孩子争强好胜，有的孩子虚荣心比较强，有的孩子非常的坚强勇敢……针对不同性格的孩子，职场妈妈应该采取的教育方式也是不同的。只有根据孩子自身的性格特点，选取恰当的教育方式，才能使孩子健康、愉快地成长。

教育不是只教会孩子考试

有一句话叫“条条大路通罗马”，说很容易，做起来却很难。因为一方面我们会相信“三百六十行，行行出状元”，即使没有考试，人生也能有不同方式的成功，而另一方面我们又不肯相信，自己的孩子除了学习以外还会有其他成功的可能性。

在教育孩子的过程中，我们不是要不在乎孩子的学习成绩，也不是在他出现厌学情绪的时候放任不管，而是应该在督促孩子认真学习的过程中，不能同时鄙视其他能力的培养，也不能抹杀孩子通过其他方式获得成功的可能性。比如，“你能不能有点儿出息？整天弹那个破琴，你是能弹成朗朗啊，还是能弹成李云迪？”“画什么画啊？当个画家能赚多少钱？你看哪一个画家富可敌国了？”“把你那些手工作业都放一边吧，妈妈帮你做。考试的时候都用不着，你做这些都是浪费时间。”等等，诸如此类的话，都是我们不应该说的。理由是：一，这些话确实是没有道理的，只是在我们的观点的基础上强加给孩子的；二，会抹杀孩子的学习兴趣。其他方面能力的锻炼，能够调节课业上的枯燥，让孩子在不同方面都能产生不同的体会，从而增加学习的兴趣，但是家长如果一味地阻拦，使孩子的生活单一化，他会对学习产生抵触心理，心理压力会变大；三，强迫已经有了一定想法的孩子接受我们的思想，会让孩子变得更加叛逆，他们会以挑战家长的权威为乐，疏远我们，不再愿意跟我们沟通。

有一个名叫鹏远的孩子，从小学时学习成绩就一直拔尖。到了初中以后，饱受升学压力之苦，却一直没办法排解，后来得了精神分裂症。他的妈妈得到这个消息以后，跪在他的面前，求她的孩子不要再在乎分数，只要健健康康就好，可是一切都已经晚了。

这是一个真实的事例，它的出现引起了很多人的反思。许多家长都开始后悔，当初没有考虑孩子的内心感受，而只给他们灌输了“分数意识”。让孩子从小就偏执地以为，只有分数高的才是好孩子，分数低的就注定是坏孩子，注定得不到爸爸妈妈的宠爱。于是，当他们的成绩不理想或者达不到家长期望的高度时，就会感到沮丧和不自信，有一些孩子抵抗不住压力，干脆就放弃自己了。

从心理学的角度来讲，每一个孩子终其一生都会期望得到父母的认同。而且孩子的本性就是“争强好胜”的，即使是没有人要求和督促，他们也会产生对分数的追求，对名次的渴望。面对那张卷子，他们每个人都会全力以赴，希望拿到一个最好的成绩，绝对没有哪个孩子明明知道试题的答案偏偏不往上写，故意让自己拿不好的成绩的。如果孩子已经尽力了，但是分数没有提高，那我们是否应该检讨一下自己，是不是在教育孩子的过程中用错了方法。

很多第一次把孩子送进学校的职场妈妈，不会主动通过书本学习或者向其他有经验的家长学习帮助孩子的方法，也不管孩子能否适应学校的新环境，而是怀着掷骰子的心理，被动地等待，看自己的孩子是“学习好”的还是“学习差”的。如果是“学习好”的，就单方面以为具备成功的潜质，而如果不幸是一个“学习差”的，那就需要严厉地管教，督促他下一次一定要考好。很多妈妈以为这就是在管理孩子，是对孩子的后半生负责任。可是分数和考试并不是评价一个人的唯一标准。

作为妈妈，我们一定要让孩子知道成功的定义没有那么狭窄。我们不是在向他要分数，而是想通过学习，培养他对知识的好奇心、爱钻研的精神、提出问题的兴趣、解决问题的能力，在遇到困难的时候，能够自己找到解决的方法，这才是我们教育的初衷。这样，孩子才不会觉得考试是一种很功利的手段，是决定能否得到妈妈的爱的唯一方法。他才能在面对我们的时候，没有那么多的压力，也不会活得那么辛苦；他才能在不同的领域拓宽自己的能力，健健康康地成长，并且获得生活的幸福。

在游戏中培养孩子的发散思维

所谓的发散思维，就是人们多面向、多角度地认识事物和解决问题的创造性的思维。在幼儿期培养孩子的发散思维，有利于帮助孩子活跃思维，锻炼他们从不同的角度认识事物和解决事物的能力。而游戏正是幼儿期培养孩子思维的关键，因为学前的孩子都是通过玩来认识世界的，学习也应该潜移默化，在游戏中为孩子建立培养发散思维的空间，孩子才更容易形成自主探究的意识。

1. 设立游戏的场景

对于孩子来说，最重要的就是在积极的思维中发现和思考生活中的问题。以学习几何图形为例，我们可以设定一个组装卡车的游戏情境，引导孩子在组装的过程中观察卡车的组成图形："车身是什么形状啊?""像长方形。""车轱辘是什么形状?""是圆形的。"同时我们可以引导孩子的发散思维，问孩子说："还有哪些东西的形状是长方形的呢?""课桌面、门、黑板、冰箱门、枕头……""还有哪些东西像圆形呢?""皮球、碗口、硬币、篮球筐、十五的月亮、太阳……"最后，我们可以鼓励孩子利用这些几何图形，搭建出自己喜欢的东西。有的孩子会搭建出海底世界，有的会搭建公园，还有的会搭建城堡……这样，在认识几何图形的基础上，让孩子充分发挥想象，搭建出各种各样的东西，从而开发孩子无限的创造力。

2. 利用图像和声音刺激思维的开阔

职场妈妈可以利用声响，把鸟叫声、海浪声、鱼游的声音都收集起来，放给孩子听，让孩子感受大海的美，也可以利用各种各样的图画，比如我们拿出一张“猫和老鼠”的图画，问孩子说：“你能看出来它们之间发生了什么样的故事吗?”当孩子用简单的思维为妈妈讲述一个故事的时候，其实就是在锻炼他的发散思维。

3. 在游戏中精心设疑

我们可以设置这样一组游戏：“有一天，数字1和数字2吵架了，1回去找自己的单数朋友，2回去找自己的双数朋友。可是，他们的朋友好像不太好找，你能帮助他们找到自己的朋友吗?”职场妈妈可以把从1到10的数字，单数的上面配上红色的图案，双数的上面配上绿色的图案，这样孩子才更容易发现。当他们为数字做好分类的时候，也就通过这个游戏知道了10以内的数字里，1、3、5、7、9是单数，2、4、6、8、10是双数。然后，我们可以借助于这些数字卡的排列，告诉孩子这是自己家里的电话号码，这是妈妈的手机、爸爸的手机，让他们在认识数字的同时，了解到它们的用处。

在游戏中，我们精心设疑，不但能够增加孩子想要玩游戏的兴趣，更能启发孩子独立思考，在潜移默化中学习知识，拓展自己的思维。

4. 在游戏中设立发现新知识的可能性

比如，我们给孩子5个盘子和4个苹果，让他在每一个盘子里放一个苹果，最后会有一个盘子没有苹果；我们再把盘子减少一个，把苹果也减少一个，这时还会有一个盘子里没有苹果。以此类推，可以让孩子明白，5比4多一个，4比3多一个，3比2多一个……在游戏中让孩子发现新的知识和规律，孩子会受到更多新的启发。

5. 在游戏中鼓励孩子寻找不同的方法

跟孩子玩讲故事的游戏，看谁讲得比较好。职场妈妈可以首先给孩子讲一个故事，然后让孩子试着从不同的人物角度把故事复述出来，每个角度都可以选择一个关键点，在讲述时做重点描述。让孩子从不同的角度出发，找到每个人物的异处，其实是鼓励孩子发现每个事物的不同点，防止思考问题时的片面性。

6. 常玩“脑筋急转弯”的游戏

和孩子一人拿一本《脑筋急转弯》，互相出题，看谁能先想到答案。在这种激烈竞争的环境下，可以刺激大脑高速运转，从而让孩子的大脑细胞变得更活跃，孩子自然就越来越聪明了。

游戏是培养孩子发散思维、提高孩子学习能力的一种有效手段。因此，职场妈妈应该巧妙利用游戏，为孩子打开发散性思维之窗。